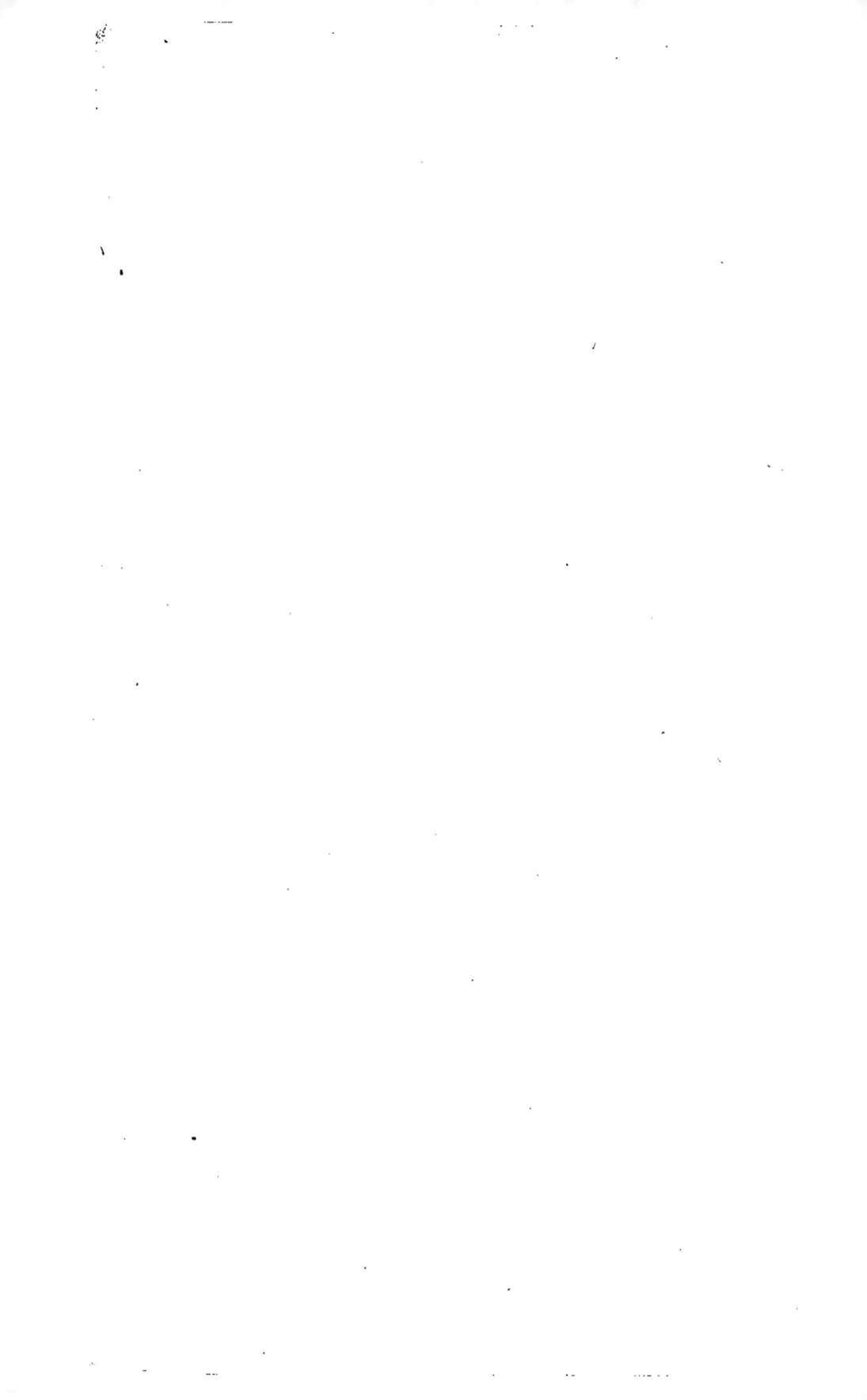

F

C.

PLAN

DU

COURS DE DROIT ROMAIN

Professé à la Faculté de Rennes

PAR M. C.-E. BODIN.

2ᵉ ANNÉE. — 1864-1865.

RENNES,

IMPRIMERIE Cʜ. OBERTHUR, RUE IMPÉRIALE, 8.

—

1865.

LIVRE TROISIÈME.

THÉORIE DES DROITS PERSONNELS.

(Inst. de Just., liv. III, tit. 13 à 29; liv. IV, tit. 1 à 5.)

TITRE PREMIER.

GÉNÉRALITÉS.

I. Définition du droit personnel ou obligation (1).

II. Distinction du droit réel et du droit personnel.

III. Des éléments essentiels à l'existence d'une obligation : — 1° Des sujets de l'obligation : — Sujet actif (créancier). — Sujet passif (débiteur). — 2° De l'objet de l'obligation : — L'objet de toute obligation consiste dans le fait ou dans l'abstention du débiteur. — Critique de la théorie d'après laquelle l'objet de l'obligation consisterait *ad dandum, ad præstandum, vel ad faciendum* (2). — Les choses ne sont jamais que les objets indirects des obligations.

IV. Des expressions employées comme synonymes du mot obligation : — 1° Par les jurisconsultes romains; — 2° par les commentateurs.

V. Division des obligations : — 1° Obligations civiles, obligations naturelles : — Quel était le *criterium* de cette division (3)? — Il faut distinguer l'obligation naturelle du devoir moral et de l'obligation nulle comme ayant une cause illicite. — Existait-il plusieurs espèces d'obligations naturelles? — 2° Obligations civiles, obligations honoraires (4). — 3° Obligations nées d'un contrat, comme d'un contrat, d'un délit, comme d'un délit (5). — 4° Autres divisions.

VI. De la méthode à suivre dans l'étude des obligations.

(1) Inst. Just., III, 13, pr.
(2) Dig., *De oblig. et act.*, L. 3, pr. — Dig., *De verb. signif.*, L. 218. — *Ibid.*, L. 189.
(3) Dig., *De oblig. et act.*, L. 10. — Dig., *De pign. et hyp.*, L. 5, pr. — Dig., *De nov. et deleg.*, L 1, § 1. — Dig., *De comp.*, L. 6.
(4) Inst. Just., III, 13, § 1.
(5) Gaii, *Comm.* III, § 88. — Dig., *De oblig. et act.*, L. 1, pr. — Inst. Just., III, 13, § 2.

11

TITRE DEUXIÈME.

DE LA SOURCE DES OBLIGATIONS.

(Inst de Just., Liv. III, tit. 14 à 27; Liv. IV, tit. 1 à 5.)

PREMIÈRE SOURCE.

LA CONVENTION.

I.

Généralités.

I. Définition de la convention ou pacte (1). — Il ne faut pas confondre la convention avec sa preuve.

II. Eléments essentiels à la validité d'une convention : — 1° Distinction des éléments essentiels, naturels et accidentels. — 2° Les éléments essentiels à toute convention sont : Le consentement, les objets, les causes.

III. Quels sont les divers résultats qu'une convention pouvait produire : — 1° Créer une obligation. — 2° Eteindre une obligation. — 3° Modifier une obligation préexistante.

IV. Division des conventions en contrats et en simples pactes (2) : — 1° Quel était le *criterium* de cette division? — 2° Théorie de la *causa civilis*. — 3° Quel était l'intérêt de cette division? — 4° Comment peut-on l'expliquer? — Explication politique. — Explication philosophique. — Explication historique : Primitivement, toutes les opérations se faisant au comptant, l'idée d'obligation contractuelle n'existait pas. — Plus tard, tout contrat se forma *per æs et libram*. — Les *causæ civiles* n'étaient que des dérivés de cette forme antérieure. — 5° Pourquoi la vente, le louage, la société et le mandat, qui n'étaient que de simples pactes, ont-ils été rangés dans la classe des contrats?

---

(1) Dig., *De pactis*, L. 1, § 2. | (2) *Ibid.*, pr., § 1.

V. Division des contrats : — 1º Contrats formés *re, verbis, litteris, solo consensu* (1). — 2º Contrats unilatéraux , synallagmatiques. — 3º Contrats de bonne foi, de droit strict. — 4º Contrats à titre gratuit, à titre onéreux.

VI. Division des simples pactes : — 1º Pactes non sanctionnés par une action (*pacta nuda*) (2). — 2º Pactes sanctionnés par une action (*pacta vestita*). — Ils se sous-divisaient en : pactes civils, pactes prétoriens, pactes légitimes. — 3º Puisque les juris-consultes romains avaient élevé la vente, le louage, la société et le mandat au rang de contrats, n'eussent-ils pas dû logiquement en faire autant à l'égard des *pacta vestita*?

VII. Définition du contrat et du simple pacte d'après les notions ci-dessus.

II.

Des contrats.

SECTION I. — Des contrats qui se formaient *re*.

§ 1er. — Généralités.

1º Définition des contrats réels. — 2º Division des contrats réels en nommés et innommés (3). — 3º Origine des contrats réels. — Pourquoi le contrat de *fiducie* (4), qui jouait un rôle si important autrefois , avait-il presque entièrement cessé d'être en usage ?

§ 2. — Des contrats réels nommés.

I. Du *mutuum* (5) : — 1º Définition du *mutuum*. — 2º Eléments essentiels caractéristiques de ce contrat : — Le prêteur devait transférer la propriété des choses prêtées (6). — Ces choses devaient être considérées par les parties comme fongibles (7). — Le but des parties devait être de ne rendre l'emprunteur propriétaire qu'à charge par lui de restituer des choses de la même espèce, en même quantité et de la même qualité (8). — 3º De l'obligation et de l'action qui naissaient du *mutuum* : — Il ne naissait du *mutuum* que l'obligation pour l'emprunteur de restituer. — L'action qui sanctionnait cette obligation était la *condictio certi* (9). — 4º Nature juridique du contrat de *mutuum*. — 5º Du prêt à intérêts (10) et du *nauticum fœnus* (11). — 6º Quelles sont les différences qui existaient entre le *mutuum* et le quasi-usufruit?

II. Du commodat (12). — 1º Définition du commodat. — 2º Eléments essentiels

(1) Inst. Just., III, 13, § 2.
(2) Dig., *De pactis*, L. 7, § 4.
(3) *Ibid.*, L. 7, § 2.
(4) Gaii, *Comm.*, II, § 60. — Paul, *Sent.* II, 13.
(5) Inst. Just., III, 14, pr.
(6) Dig., *De reb. cred.*, L. 2, § 2. — Inst. Just., II, 8, § 2.
(7) Dig., *De reb. cred.*, L. 2, pr., § 1.
(8) *Ibid.*, L. 19, pr., L. 2, pr., L. 11, § 1, L. 3.
(9) *Ibid.*, L. 9, pr. — Inst. Just., III, 14, pr.
(10) Cod. Just., *De usuris*, L. 3, L. 26.
(11) Dig., *De naut. fœn.*
(12) Inst. Just., III, 14, § 2.

caractéristiques de ce contrat : — Le prêteur devait livrer une chose à l'emprunteur, mais il ne lui conférait aucun droit réel, il ne lui donnait même pas la possession (1). — La chose devait être considérée par les parties comme corps certain (2). — Le but des parties devait être de permettre à l'emprunteur de se servir de la chose prêtée (3). — L'usage permis au commodataire devait être en principe gratuit (4). — 3° Des obligations et des actions qui naissaient du commodat : — Le commodataire s'obligeait à veiller à la conservation de la chose et à la restituer au commodant. Ces obligations étaient sanctionnées par l'action *commodati directa* (5). — Le commodant pouvait être obligé *ex post facto* à indemniser le commodataire. Cette obligation était sanctionnée par l'action *commodati contraria* (6). — 4° Nature juridique du contrat de commodat.

III. Du dépôt (7). — 1° Définition du dépôt (8). — 2° Eléments essentiels caractéristiques de ce contrat : — Le déposant devait livrer une chose au dépositaire, mais il ne lui conférait aucun droit réel; il ne lui donnait même pas la possession (9). — La chose devait être considérée par les parties comme corps certain. — Le but des parties devait être de placer la chose sous la garde du dépositaire; il ne pouvait donc s'en servir (10). — Le service rendu par le dépositaire devait être gratuit (11). — 3° Des obligations et des actions qui naissaient du dépôt : — Le dépositaire s'obligeait à garder la chose déposée et à la restituer. Ces obligations étaient sanctionnées par l'action *depositi directa* (12). — Le déposant pouvait être obligé *ex post facto* à indemniser le dépositaire. Cette obligation était sanctionnée par l'action *depositi contraria* (13). — 4° Nature juridique du contrat de dépôt. — 5° Règles particulières au dépôt nécessaire (14), au séquestre (15) et au dépôt irrégulier (16).

IV. Du gage (17). — 1° Définition du gage (18). — 2° Eléments essentiels caractéristiques de ce contrat : — Celui qui constituait le gage devait transférer au créancier la possession *ad interdicta* de la chose (19). Lui conférait-il en outre un droit réel? (20). — La chose devait être considérée par les parties comme corps certain. — Le but des parties devait être de fournir une sûreté au créancier; il ne pouvait donc se servir de la chose (21). — 3° Des obligations et des actions qui naissaient du contrat de gage : — Le créancier gagiste s'obligeait à veiller à la conservation de la chose et à la restituer après satisfaction. Ces obligations étaient sanctionnées par l'action *pigneratitia directa* (22). — Celui qui avait constitué le gage pouvait être obligé *ex post*

(1) Dig., *Commodati*, L. 8, L. 9, L. 15.
(2) *Ibid.*, L. 3, § 6, L. 4.
(3) Inst. Just., III, 14, § 2.
(4) *Ibid.*
(5) *Ibid.* — Dig., *Commodati*, L. 3, §1.
(6) Dig., *Commodati*, L. 18. § 2, § 3, L. 17, § 1.
(7) Inst. Just., III, 14, § 3.
(8) Dig., *Depositi*, L. I, pr.
(9) *Ibid.*, L. 17, § 1.
(10) *Ibid.*, L. I, pr. — Inst. Just., IV, 1, § 6.
(11) Dig., *Depositi*, L. I, § 8.
(12) *Ibid.*, L. I, § 16.
(13) *Ibid.*, L. 5, pr.
(14) *Ibid.*, L I, §§ 2, 3, 4.
(15) *Ibid.*, L. 5, §§ 1, 2. — L. 17, § 1.
(16) *Ibid.*, L. 25, §1.
(17) Inst. Just., III, 14, § 5.
(18) Dig., *De verb. signif.*, L. 238, § 2.
(19) Dig., *De usurp.*, L. 16.
(20) Dig., *De pign. et hyp.*, L. 5, § 1.
(21) Inst. Just., IV, 1, § 6.
(22) Inst. Just., III, 13, § 4.

facto à indemniser le créancier gagiste. Cette obligation était sanctionnée par l'action *pigneratitia contraria* (1). — 4° Nature juridique du contrat de gage.

§ 5e. — Des contrats réels innommés.

I. Division de ces contrats : — Contrats *do ut des*. — *Do ut facias*. — *Facio ut des*. — *Facio ut facias* (2).

II. Quelles étaient les actions auxquelles ils pouvaient donner naissance? : — 1° Actions ayant pour but de procurer l'exécution du contrat : — Les Sabiniens donnaient l'action du contrat nommé le plus voisin. — Les Proculiens accordaient l'*actio civilis in factum præscriptis verbis* (3). — 2° Action ayant pour but d'annuler le contrat : *Condictio causa data, causa non secuta* (4).

III. De quelques contrats innommés en particulier : — 1° De l'échange *(permutatio)* (5). — 2° Du contrat estimatoire (6).

SECTION IIe. — Des contrats qui se formaient *verbis*.

§ I. — Généralités.

1° Définition des contrats verbaux. — 2° Division des contrats verbaux (7) : — *a) Jurata promissio liberti* (8). — *b) Dictio dotis* (9). — *c) Stipulatio* (10). — 3° Etymologie du mot *stipulatio* (11). — 4° Origine de la stipulation. — 5° Peut-on justifier philosophiquement cette forme de contracter? — 6° Eléments essentiels caractéristiques de la stipulation : — L'interrogation et la réponse devaient être faites primitivement au moyen de mots solennels (12). — Elles devaient être congruentes (13). — Elles devaient être faites entre parties présentes (14). — 7° De l'obligation et de l'action qui naissaient de la stipulation : — La stipulation ne pouvait donner naissance qu'à une obligation du promettant envers le stipulant. — L'action qui la sanctionnait était la *condictio*, tantôt *certi*, tantôt *incerti* (15). — 8° Le préteur permettait au promettant de prouver au moyen de l'exception de dol que l'obligation verbale était sans cause (16); dans certains cas, le fardeau de la preuve fut même transféré plus tard au stipulant, grâce à l'exception *non numeratæ pecuniæ* (17). — 9° Nature juridique de la stipulation.

§ 2. — Des caractères que le fait promis devait avoir pour que la stipulation fût valable.

I. Le fait promis devait être possible (18) : — 1° L'impossibilité pouvait être absolue ou relative. — L'impossibilité relative du côté du promettant ne viciait pas la

(1) Dig., *De pign. act.*, L. 8, pr., L. 25.
(2) Dig., *De præscr. verb.*, L. 5.
(3) *Ibid.*
(4) Dig., *De cond. caus. dat. passim.*
(5) Dig., *De rer. permut.*
(6) Dig., *De œstimat.*
(7) *Brev. Alar.*, II, 9, §§ 2, 3, 4.
(8) Dig., *De lib. caus.*, L. 44. — Gaii, Comm. III, § 83.
(9) Ulp., *Regl.* VI, § I.
(10) Paul, *Sent.* II, 3.
(11) Inst. Just., III, 15, pr. — Isid.
de Sev., *Orig.* IV. — Festus, V° *Stips.*
(12) Gaii, Comm. III, §§ 92 à 96. — Inst. Just., III, 15, § 1 ; III, 19, § 17.
(13) Inst. Just., III, 19, §§ 5, 18, 23.— Dig., *De verb. oblig.*, L. 1, §§ 4, 5; L. 84, §§ 2, 3, 4.
(14) Inst. Just., III, 19, § 12.
(15) Inst. Just., III, 15, pr.
(16) Dig., *De dol. mal. except.*, L. 2, § 3.
(17) Inst. Just., IV, 13, § 2.
(18) Dig., *De reg. jur.*, L. 185.

stipulation ; ainsi on pouvait valablement promettre de transférer la propriété de la chose d'autrui (1). — 2° Du cas où l'impossibilité de transférer la propriété tenait à un obstacle physique (2). — 3° Du cas où l'impossibilité de transférer la propriété tenait à un obstacle légal (3) : — Stipulation d'une chose qui était hors du commerce. — Stipulation d'une chose qui était dans le commerce, mais qui cessait d'y être avant le paiement. — Stipulation d'une chose qui était hors le commerce sous la condition : si elle tombe dans le commerce. — Stipulation d'une chose qui était dans le commerce sous la condition : si elle sort du commerce.

II. Le fait promis devait être licite (4).

III. Le fait promis devait être déterminé (5) : — Application aux obligations de *dare* soit un corps certain, soit une quantité. — Application aux obligations de *facere*.

IV. Le fait promis devait présenter un intérêt appréciable en argent pour le créancier (Théorie des stipulations pour autrui) (6) : — 1° Pourquoi la stipulation pour autrui était-elle nulle ? — 2° La stipulation était valable si le stipulant avait un intérêt personnel à l'exécution. — 3° Ou encore si le stipulant pouvait exceptionnellement acquérir la créance au tiers. — 4° De l'*adjectus solutionis gratia* (7).

V. Le fait promis devait être le fait personnel du promettant (Théorie des promesses pour autrui) (8) : — 1° Pourquoi la promesse pour autrui était-elle nulle ? — 2° La promesse était valable si le promettant s'obligeait personnellement à la faire exécuter par le tiers. — 3° Ou encore si le promettant pouvait exceptionnellement obliger le tiers.

§ 5. — Division des stipulations au point de vue des modalités.

I. Des stipulations à terme. — 1° Définition du terme. — 2° Division du terme (9) : — a) Terme exprès, terme tacite. — b) Terme émanant de la loi, terme émanant de la volonté de l'homme. — c) Terme certain, terme incertain. — d) Terme *a quo*, terme *ad quem*. — 3° Différences entre la stipulation d'un *annuum* et le legs d'un *annuum* (10) : — La stipulation était une, incertaine, perpétuelle. — Le legs était multiple, certain, temporaire. — 4° Quand le terme était-il réputé accompli ? (11)

II. Des stipulations conditionnelles : — 1° Définition de la condition. — 2° Division de la condition (12) : — a) Condition *a qua*, condition *ad quam* : — Compa-

(1) Inst. Just., III, 19, pr.
(2) *Ibid.*, § 1.
(3) Inst. Just., III, 19, §§ 2, 22. — Dig., *De verb. oblig.*, L. 31, L. 34, L. 82, § 1, L. 83, §§ 5, 6; L. 85, § 5. — Dig., *De Leg. 5°*, L. 79, § 3.
(4) Inst. Just., III, 19, § 24.
(5) Dig., *De verb. oblig.*, L. 94, L. 95.
(6) Inst. Just., III, 19, §§ 19, 20, 4. — Dig., *De oblig. et act.*, L. 11.
(7) Inst. Just., III, 19, § 4. — Gaii, *Comm.* III, § 103. — Dig., *De verb. oblig.*, L. 110.
(8) Inst. Just., III, 19, §§ 21, 3. — *Ibid.*, IV, 7, § 2.

(9) Inst. Just., III, 15, §§ 2, 3, 5. — Inst. Just., III, 19, §§ 13, 15, 27. — Gaii, *Comm.* III. § 100.
(10) Dig., *De verb. oblig.*, L. 16, § 1. — Gaii, *Comm.* IV, § 131.
(11) Inst. Just., III, 19, § 26. — Dig., *De verb. oblig.*, L. 14, L. 72, § 2; L. 138, pr.
(12) Inst. Just., III, 15, §§ 4, 6. — Inst. Just., III, 19, §§ 11, 14, 25. — Dig., *De verb. signif.*, L. 213. — Dig., *De cond. indeb.*, L. 10, L. 16. — Dig., *De verb. oblig.*, L. 115, § 1; L. 108, L. 137, § 6.

raison de la condition *a qua* et du terme *a quo* (dans le premier cas, *non est debitum spes est tantum debitum iri ;* dans le second cas, *statim debetur.*) — Comparaison de la condition *ad quam* et du terme *ad quem.* — *b*) Condition potestative, casuelle ou mixte. — *c*) Condition positive, condition négative. — *d*) Condition possible, condition impossible. — *e*) Condition licite, condition illicite. — *f*) De la stipulation prépostére. — 3° Quand la condition était-elle réputée accomplie? (1)— 4° Quelles sont les différences qui existaient entre la condition *a qua* opposée à un legs *per damnationem* et la condition *a qua* opposée à une stipulation? (2)

III. Des stipulations alternatives : — 1° Définition de l'alternative (3). — 2° A qui appartenait le choix? (4)

IV. Des stipulations facultatives (5) : — 1° Définition de la faculté. — 2° Quelles sont les différences qui existaient entre une stipulation alternative et une stipulation facultative?

V. Des stipulations avec clause pénale (6) : — 1° Définition et utilité de la clause pénale. — 2° Le juge pouvait-il diminuer ou augmenter la peine? — 3° Quand la clause pénale était-elle encourue? — 4° Le créancier pouvait-il poursuivre à la fois l'exécution de l'obligation et celle de la peine? — 5° Différence entre la clause pénale en droit romain et la clause pénale en droit français.

§ 4. — Division des stipulations au point de vue de l'autorité qui donnait l'ordre de les faire.

I. Division empruntée à Pomponius (7) : — 1° Stipulations judicielles,—stipulations prétoriennes ou mieux honoraires, — stipulations communes, — stipulations conventionnelles. — 2° En quoi cette division diffère-t-elle de celle donnée par Ulpien? (8)

II. Examen des principales stipulations autres que les stipulations conventionnelles : — 1° Pourquoi ces stipulations sont-elles appelées *cautiones* par les textes? (9) — 2° Il y a en cette matière trois questions à poser : — Comment pouvait-il se faire que le juge ou le magistrat fût amené à donner l'ordre à une personne de s'obliger par stipulation? — En cas de refus, quel était le moyen de sanction? — La promesse devait-elle être garantie par des fidéjusseurs? — 3° Stipulations judicielles : — *a*) Stipulation *de dolo* (10). — *b*) Stipulation *de persequendo servo qui in fuga est restituendove pretio* (11) : — Distinguer entre le cas où la fuite de l'esclave ne pro-

---

(1) Dig., *De Reg. jur.*, L. 161.
(2) Dig., *De cond. et dem.*, L. 75, L. 14, L. 31. L. 41, L. 7, L. 59, pr. — Dig., *De leg.-1°*, L. 54, § 2. — Dig., *De oblig. et act.*, L. 42 — Dig., *Qui et a quib. manumitt.*, L. 27, pr. — Dig., *De verb. oblig.*, L. 78. — Inst. Just., II, 14, § 10.
(3) Dig., *De oblig. et act.*, L. 44, § 3.
(4) Dig., *De contrah. empt.*, L. 34, § 6.
(5) Dig., *De oblig. et act.*, L. 44, § 5.
(6) Inst. Just., III, 15, § 7. — Dig.,

De oblig. et act., L. 44, § 6. — Dig., *De verb. obliy.*, L. 115, § 2 ; L. 122, §§ 2, 6. — Dig., *De act. empt.*, L. 28.
(7) Inst. Just., III, 18, pr. — Dig., *De verb. oblig.*, L. 5.
(8) Dig., *De stip. prœtor.*, L. 1.
(9) Inst. Just., III, 18, § 1.
(10) Inst. Just., III, 18, § 1.—Dig., *De reiv.*, L. 18, L. 20, L. 45.
(11) Inst. Just., III, 18, § 1.—Dig., *De reiv.*, L. 21, L. 22, L. 69.

venait pas de la faute du défendeur, celui où elle lui était imputable à faute, enfin le cas où il y aurait eu dol de sa part. — 4° Stipulations honoraires. — a) Stipulation *damni infecti* (1) : — Le droit civil n'accordait qu'une action noxale à la victime d'un dommage causé par la chose d'autrui. — La stipulation avait pour but de prévenir les conséquences fâcheuses de cette règle. — Distinguer avec soin les deux décrets que rendait le préteur lorsqu'il y avait refus de promesse. — b) *Stipulatio legatorum* (2) : — Il faut supposer que les legs ne pouvaient recevoir immédiatement leur exécution. — Le préteur ne rendait ici qu'un décret. — 5° Stipulations communes : — a) *Stipulatio rem salvam fore pupilli* (3). — b) *Stipulatio de rato* (4). — c) *Stipulatio duplæ* (5).

SECTION III. — Des contrats qui se formaient *litteris.*

§ 1. — Généralités.

1°Définition du contrat*litteris.* — 2°Distinction de l'écriture considérée comme preuve et de l'écriture considérée comme *causa civilis.* — 3° Origine du contrat *litteris.* — Sens du mot *expensilatio* (6). — 4° De l'obligation et de l'action qui naissaient du contrat *litteris :* — Le contrat *litteris* ne pouvait donner naissance qu'à une obligation (7) de *dare* ayant pour objet des choses fongibles. — L'action qui la sanctionnait était la *condictio certi.* — 5° Nature juridique du contrat *litteris* (8). — 6° Quels sont les documents dans lesquels le contrat *litteris* peut être étudié (9).

§ 2. — Du contrat *litteris* avant le Bas-Empire.

I. Des registres domestiques : 1° Du *Codex* et des *adversaria* (10). — 2° Des *nomina transcriptitia :* — Définition des *nomina transcriptitia.* — Comment se faisaient les mentions sur le *Codex.* — Etait-il nécessaire que la mention fût faite non seulement sur le *Codex* du créancier, mais encore sur celui du débiteur (11)? — Les parties pouvaient, à l'aide des *nomina transcriptitia,* faire une novation (*nomen a re in personam*) (12), une délégation (*nomen a persona in personam*) (13), une donation, une constitution de dot, une remise de dette, enfin créer une obligation en vue d'une cause future. — Les pérégrins pouvaient-ils s'obliger par les *nomina transcriptitia* (14). — 3° Des *arcaria nomina* (15).

II. Des feuilles volantes : — 1° Des *syngraphæ* et des *chirographa* (16). — 2° Des *instrumenta.*

(1) Inst. Just., III, 18, § 2. — Dig., *De dam. infect.*, L. 6, L. 15, §§ 20, 23; L. 5, L. 18, § 15. — Gaii, *Comm.* IV, § 31.
(2) Inst. Just., III, 18, § 2. — Dig., *Ut in possess. legat.*, L. 3, § 3; L. 5, pr.
(3) Inst. Just., III, 18, § 4. — Dig., *Rem pup. salv. fore.*
(4) Inst. Just., III, 18, § 4. — Dig., *Rem rat. hab.* — Paul, *Sent.* I, 3, §§ 4, 6.
(5) Dig., *De verb. oblig.*, L. 5, pr.
(6) Aul. Gell., *Noct. attic.* XIV, 2.
(7) Gaii, *Comm.* III, § 137.
(8) Frag. Vatic., § 329.
(9) Cicero, *Pro Rosc. Com.* — *In Verrem*, act. 2. — Gaii, *Comm.* III, §§ 128 à 134.
(10) Asconius, *In Verr.*, act. 2.
(11) Gaii, *Comm.* III, §§ 137, 138. — Sénèque, *De benefic.*
(12) Gaii, *Comm.* III, § 129.
(13) *Ibid.*, § 130.
(14) Gaii, *Comm.* III, § 133.
(15) *Ibid.*, §§ 131, 132.
(16) *Ibid.*, § 134.

III. Le prêteur n'accordait-il pas à celui qui était obligé *litteris* l'exception de dol pour prouver que l'obligation était sans cause?

§ 5. — Du contrat *litteris* sous le Bas-Empire.

I. De la désuétude du *Codex*, des *nomina transcriptitia* et des *arcaria nomina* (1).

II. Des *syngraphæ* et des *chirographa* : — 1° Les *syngraphæ* tombèrent en désuétude. — 2° Les *chirographa* tendirent à se confondre avec les simples *instrumenta*; en effet : — Celui qui était porteur d'un *instrumentum* énonçant clairement la cause de la créance était en principe dispensé de toute autre preuve (2). — Néanmoins, lorsque l'*instrumentum* énonçait pour cause un *mutuum*, le droit impérial admit que le prétendu débiteur pourrait rejeter le fardeau de la preuve sur le demandeur, à l'aide de l'exception non *numeratæ pecuniæ* (3). — Pendant combien de temps l'exception pouvait-elle être opposée et quel moyen avait le prétendu débiteur pour éviter la perte de l'exception (4). — Les règles admises pour les écrits probatoires d'un *mutuum* furent étendues aux *chirographa* (5).

SECTION IV. — Des contrats qui se formaient *solo consensu*.

§ 1er. — Généralités.

1° Définition des contrats consensuels. — 2° Origine de ces contrats. — 3° Caractères communs (6).

§ 2. — De la vente (7).

I. Généralités : — 1° Définition de la vente. — 2° De la vente dans l'ancien droit romain (8).

II. Eléments essentiels caractéristiques de la vente : — 1° *Du consentement* (9) : — a) Quand le consentement était-il réputé donné d'une manière définitive : — Dans le droit antérieur à Justinien, il y avait consentement dès que les parties étaient d'accord sur la chose et sur le prix; les arrhes étaient alors une *preuve* (10). — Dans le droit de Justinien, il fallait distinguer entre le cas où les parties n'avaient pas eu l'intention de rédiger un écrit et celui où elles avaient eu cette intention; les arrhes étaient à cette époque tantôt une *peine*, tantôt un moyen de *dédit*. — (11) b) Des vices du consentement : — De l'erreur (12). — De la crainte. — Du dol. — De la lésion (13). — 2° *De la chose* (14) : — a) Des choses qui pouvaient être vendues : — On pouvait vendre la propriété, les autres droits réels avec quelques distinctions, les droits de créance. — La chose d'autrui (15). — Des choses considérées comme corps certains ou comme

(1) Inst. Just., III, 21.
(2) Dig., *De prob.*, L. 25, § 4.
(3) Cod. Just., *De non num. pec.*, L. 3.
(4) *Ibid.*, L. 14, L. 6.
(5) Inst. Just., III, 21.
(6) Inst. Just, III, 22.
(7) *Ibid.*, III, 23.
(8) Gaii, *Comm* III, § 146 *in fine*.
(9) Dig., *De contrah. empt.*, L. 9, pr.

(10) Gaii, *Comm*. III, § 139.
(11) Inst. Just., III, 23, pr. — Code Just., *De fide instrum.*, L. 17.
(12) Dig., *De contrah. empt.*, L. 9, pr., § 2; L. 14; L. 41, § 1.
(13) Cod. Just., *De resc. vend.*, L. 2, L. 8.
(14) Dig., *De contrah. empt.*, L. 8, pr.
(15) *Ibid.*, L. 28.

12

quantités. — Une chose future (1). — *b*) Des choses qui ne pouvaient être vendues : — On ne pouvait vendre les choses hors du patrimoine (2). — Ni certaines choses qui étaient *intra patrimonium*, mais dont des lois spéciales prohibaient la vente (3). — *c*) Qu'arrivait-il lorsqu'au moment de la vente la chose avait péri ou était détériorée (4). — 3° *Du prix* (5) : — *a*) Le prix devait être sérieux (6). — *b*) Il devait être déterminé, mais il pouvait être laissé à l'arbitrage d'un tiers (7). — *c*) Devait-il consister en argent monnayé?—Non, d'après les Sabiniens. — Oui, d'après les Proculiens, dont la théorie a triomphé (8). — Quelles sont les différences qui existaient entre la vente et l'échange dans cette dernière théorie (9)? — Pourquoi les Sabiniens voulaient-ils confondre la vente et l'échange?

III. Des obligations et des actions qui naissaient de la vente.

A. Des obligations du vendeur et de l'action *ex empto* : — 1° De l'obligation de veiller à la conservation de la chose vendue (10). — 2° De l'obligation de délivrer (*Vacuam possessionem tradere*) (11). — 3° De l'obligation de garantir : — *a*) De la garantie de la paisible possession : — De l'action *ex stipulatu duplæ* : — Comment l'acheteur pouvait-il avoir cette action (12)? — A quelles conditions pouvait-il l'intenter (13)? — Quelle indemnité obtenait-il par cette action, en cas d'éviction totale ou en cas d'éviction partielle, soit *pro diviso*, soit *pro indiviso* (14)? — De l'action *ex empto* : — Cette action résultait naturellement du contrat de vente. — A quelles conditions l'acheteur pouvait-il l'intenter (15)? — Quelle indemnité obtenait-il par cette action (16). — *b*) De la garantie des vices cachés : — De l'action *ex stipulatu duplæ*. — De l'action *redhibitoria* et de l'action *quanto minoris* (17). — De l'action *ex empto* (18). — 4° De l'obligation de ne commettre aucun dol (19).

B. Des obligations de l'acheteur et de l'action *ex vendito* : — 1° De l'obligation de payer le prix (20). — 2° De l'obligation d'indemniser le vendeur des impenses faites de bonne foi depuis la vente (21).

IV. Théorie des risques (22) : — 1° La question que pose la théorie des risques est celle de savoir si l'acheteur doit encore le prix et seulement le prix, lorsqu'entre le jour de la vente et celui de la délivrance, la chose a péri, s'est détériorée ou s'est

---

(1) *Ibid.*, L. 8, pr., § 1.
(2) *Ibid.*, L. 70.—Inst. Just., III, 23, § 5.
(3) Dig., *De contrah. empt.*, L. 34, § 3; L. 35, § 2; L. 52.
(4) *Ibid.*, L. 57.
(5) *Ibid.*, L. 2, § 1.
(6) *Ibid.*, L. 36.
(7) *Ibid.*, L. 35, § 1. — Inst. Just., III, 23, § 1.
(8) Inst. Just., III, 23, § 2.
(9) Dig., *De rer. permut.*, L. 1. — Dig., *De præscript. verb.*, L. 5, § 1.
(10) Dig., *De peric. et comm.*, L. 3.
(11) Dig., *De act. empt.*, L. 2, § 1; L. 3, § 1; L. 30, § 1.

(12) Dig., *De evict.*, L. 2.
(13) *Ibid.*, L. 16, § 1.
(14) *Ibid.*, L. 1, L. 13, L. 14, L. 64.
(15) *Ibid.*, L. 41, § 1. — Dig., *De act. empt.*, L. 30, § 1.
(16) Dig., *De evict.*, L. 70. — Dig., *De œdil. edict.*, L. 31, § 20.
(17) Dig., *De œdil. edict. passim.*
(18) Dig., *De act. empt.*, L. 11, § 3, L. 13, § 4.
(19) Dig., *De rer. perm.*, L. 1.
(20) Dig., *De act. empt.*, L. 11, § 2.
(21) *Ibid.*, L. 13, § 22.
(22) Inst. Just., III, 23, § 3. — Dig., *De per. et commod. rei vend.*

améliorée par cas fortuit. — 2° En principe, les risques étaient pour l'acheteur (1) : — Réfutation de la théorie contraire proposée par quelques commentateurs : Réfutation des arguments de texte (2), de la prétendue règle *res perit domino* (3), des arguments d'équité. — Pourquoi les risques étaient-ils pour l'acheteur? Motif juridique. Motif d'utilité pratique. — 3° Des cas dans lesquels les risques étaient exceptionnellement pour le vendeur : — De la convention spéciale des parties (4). — De la demeure (5). — Du cas où la chose vendue était une quantité. — Du cas où la vente était faite sous une condion *a qua* (6) : Cas de la perte totale, cas de la perte partielle, application des principes faite à quelques ventes conditionnelles en particulier. — 4° A quelles conditions le vendeur pouvait-il exiger le prix, bien que la chose ait péri ou soit perdue (7). — 5° Généralisation de la théorie des risques : — N'est-il pas vrai que la théorie des risques peut se présenter dans tous les contrats synallagmatiques parfaits ou imparfaits? — Comment peut-on formuler la règle générale?

V. Des ventes pures, mais qui doivent se résoudre sous une condition. — 1° Généralités : — La vente pouvait être faite sous la modalité de la condition *a qua* (8), ou sous la modalité de la condition *ad quam*. — Dans ce dernier cas, les Romains disaient que la vente était pure, mais qu'elle devait se résoudre sous une condition (9). — 2° Des pactes résolutoires les plus usités : — Du pacte *nisi displicuerit emptori* (10). — De l'*addictio in diem* (11). — De la *lex commissoria* (12). — Du pacte *de retrovendendo* (13).—3° Des effets de la condition accomplie :—*a*) Quant à la translation de propriété (14) : ⚌ Théorie de l'ancien droit : La propriété ne revenait pas au vendeur *ipso jure*. ⚌ Théorie plus moderne dite d'Ulpien : La propriété revenait au vendeur *ipso jure*. — Est-il exact d'attribuer exclusivement cette théorie à Ulpien? — Dans cette théorie, admettait-on le retour *ipso jure* de la propriété quiritaire, lorsque la chose était *mancipi?* — Ulpien admettait-il que la condition accomplie avait un effet rétroactif? ⚌ Quelles sont les différences pratiques qui existaient entre les deux théories? — Quant au fait qui transférait la propriété. — Quant à l'action qui appartenait au vendeur. — Quant au moyen de défense du vendeur, s'il possédait. — Quant au concours du vendeur avec les créanciers chirographaires de l'acheteur. — Quant aux droits réels conférés par le vendeur à des tiers. ⚌ Quelle est celle des deux théories romaines qui était préférable en législation? ⚌ Quelle est celle des deux théories qui a triomphé dans notre droit? — *b*) Quant aux risques : (15) ⚌ Avant la réalisation de la

---

(1) Inst. Just., III, 23, § 3.
(2) Dig., *Loc. cond.*, L. 33. — Dig., *De per et comm.*, L. 13, L. 14.
(3) Cod. Just., *De pigner. act.*, L. 9.
(4) Inst. Just., III, 23, §3.
(5) Cod. Just., *De per. et comm.*, L. 4.
(6) Dig., *De per. et comm.*, L. 8, pr.
(7) Inst. Just., III, 23, § 3.
(8) Inst. Just., III, 23, § 4.
(9) Dig., *De contrah. empt.*, L. 3.
(10) *Ibid.*
(11) Dig., *De in diem addict.*

(12) Dig., *De leg. comm.*
(13) Cod. Just., *De pact. int. empt. et vend.*, L. 2.
(14) Dig., *De præscript. verb.*, L. 12. — Dig., *De contrah. empt.*, L. 6, § 1. — Dig., *De leg. comm.*, L. 4, pr., L. 8. — Dig., *De reiv.*, L. 41. — Dig., *De in diem add.*, L. 4, § 3. — Dig., *De mort. caus. don.*, L. 29. — Dig., *De aquæ et aquæ pluv.*, L. 9, pr.
(15) Dig., *De in diem add.*, L. 2, § 1, L. 3.

condition : — Cas de la perte totale. — Cas de la perte partielle. = Après la réalisation de la condition. — c) Quant aux fruits (1).

VI. Nature juridique de la vente.

§ 5. — Du louage (2).

I. Généralités : — 1° Définition du louage. — 2° Division du louage : — Louage des choses. — Louage de travail. — 3° Du louage dans l'ancien droit romain (3).

II. Du louage des choses : — 1° Eléments essentiels caractéristiques du louage : — Du consentement. — De la chose. — Du prix (4). — Quel est le critérium exact à l'aide duquel on peut distinguer le louage de la vente (5).—2° Des obligations et des actions qui naissaient du louage (6). — Des obligations du locateur et de l'action *ex conducto*. — Des obligations du locataire et de l'action *ex locato*. — 3° Théorie des risques (7) : — Dans le louage, les risques étaient pour le locateur. — A quoi tenait cette dérogation aux principes généraux. — 4° De l'extinction du louage et de la tacite réconduction (8). — 5° Nature juridique du louage. — 6° Quelles sont les différences qui existaient entre : — Le droit du locataire et celui de l'usufruitier. — Le droit du locataire et celui de l'emphytéote. — Le droit de l'emphytéote et celui de l'usufruitier (9).

III. Du louage de travail : — 1° Distinction de la *locatio operarum*, et de la *locatio operis faciendi* (10). — 2° Quelles sont les différences qui existaient entre ces deux espèces de louages (11). — 3° Distinction de la *locatio operis faciendi*, et de la vente conditionnelle dans certains cas (12).

§ 4. — De la société (15).

I. Généralités : — 1° Définition de la société. — 2° Caractères remarquables que présentait ce contrat. — 3° De la société dans l'ancien droit romain (14).

II. Eléments essentiels caractéristiques de la société : — 1° Le consentement (15). — 2° L'apport (16). — 3° Le but licite (17). — 4° L'intérêt commun (18) : — a) Du cas où les parties n'avaient rien exprimé quant au réglement des parts. — b) Du cas où les parties avaient expressément réglé les parts : — Combinaisons permises. — Combinaisons prohibées. — c) Du cas où les parties avaient remis la fixation des parts

---

(1) *Ibid.*, L. 16.— Dig., *De leg. comm.*, L. 5.

(2) Inst. Just., III, 24.

(3) Gaii, *Comm.* III, § 146 *in fine*.

(4) Inst. Just., III, 24, pr., §§ 1, 2.

(5) Gaii, *Comm.* III, § 145. — Inst. Just., III, 24, § 3. — Dig., *De contrah. empt.*, L. 80, § 3.

(6) Inst. Just., III, 24. pr., § 5. — Dig., *Loc. cond.*, L. 9, pr., L. 19, § 1, L. 48, § 1.

(7) Dig., *Loc. cond.*, L. 19, § 6, L. 25, § 2.

(8) Inst. Just., III, 24, § 6. — Dig., *Loc. cond.*, L. 13, § 11, L. 54, § 1. — Cod. Just., *De locat.*, L. 3.

(9) Inst. Just., III, 24, § 3. — Dig.,

Loc. cond., L. 25, § 1, L. 32. — Dig., *De usuris*, L. 25, § 1. — Cod. Just., *De jure emphyt.*

(10) Dig., *De verb. signif.*, L. 5, § 1.

(11) Dig., *Loc. cond.*, L. 11, § 3, L. 13, §§ 1, 3, L. 30, § 3, L. 19, § 9, L. 59, L. 36. — Dig., *Præscript. verb.*, L. 1, § 1.

(12) Gaï, *Comm.* III, §§ 146. 147. — Inst. Just., III, 24, § 4.

(13) Inst. Just., III, 25.

(14) Cod. Just, *pro socio*, L. 6.

(15) Dig., *pro socio*, L. 31, L. 32, L. 33.

(16) Cod. Just., *pro socio*, L. 1.

(17) Dig., *pro socio*, L. 57.

(18) Inst. Just., III, 25, §§ 1, 2, 3. — Dig., *pro socio*, L. 5, § 2, L. 29, § 2, L. 75 à 79.

à l'arbitrage d'un tiers. — 5° La société devait-elle avoir nécessairement pour but de faire des bénéfices?

III. Des diverses espèces de sociétés (1) : — 1° Société *universorum bonorum.* — 2° Société *universorum quæ ex quæstu veniunt.* — 3° Société *negotiationis alicujus·* — 4° Société *unius rei.* — 5° Société *vectiyalis.*

IV. Des effets de la société : — 1° La société constituait-elle une personne morale en droit romain (2)? — 2° Des effets de la société entre les associés (3) : — Des obligations de chaque associé envers la société. — Des obligations de la société envers chaque associé. — De l'action *pro socio* et de l'action *communi dividundo.* — 3° Des effets de la société entre les associés et les tiers : — Du cas où il n'y avait pas de gérant. — Du cas où il y avait un gérant. — 4° Des effets de la société entre les associés et le croupier (4): — Définition de la société en croupe. — Du principe : *socii mei socius, meus socius non est.* — Conséquences quant aux profits et aux pertes.

V. De la dissolution de la société (5) : — 1° *Ex tempore.* — 2° *Ex personis.* — 3° *Ex rebus.* — 4° *Ex voluntate.* — 5° *Ex actione.*

VI. Nature juridique du contrat de société.

§ 5. — Du mandat (6).

I. Généralités : — 1° Définition du mandat. — 2° Caractères remarquables que présentait ce contrat. — 3° Du mandat dans l'ancien droit romain.

II. Eléments essentiels caractéristiques du mandat : — 1° Le consentement (7). — 2° Un fait licite, possible et concernant le mandant à accomplir par le mandataire (8). — 3° La gratuité (9). — 4° Peu importait, du reste, en principe, que le mandat fût pur, à terme ou sous condition (10).

III. Des diverses espèces de mandats : — 1° Mandat général, mandat spécial (11). — 2° Mandat donné dans l'intérêt du mandant. — Dans l'intérêt du mandant et du mandataire. — Dans l'intérêt d'un tiers. — Dans l'intérêt du mandant et d'un tiers. — Dans l'intérêt du mandataire et d'un tiers. — Dans l'intérêt du mandataire (12).

IV. Des effets du mandat : — 1° Des effets du mandat entre le mandataire et les tiers. — 2° Des effets du mandat entre le mandant et les tiers : — a) Principe de l'ancien droit : — Le mandant n'avait point été représenté (13). — b) Modifications apportées à ce principe : — Quand le mandat avait pour but de plaider (14); — d'ac-

(1) Inst. Just., III, 25, pr. — Dig., pro socio, L. 5, pr., L. 7.
(2) Dig., De fidej. et mand., L. 22. — Dig., quod cuj. univers., L. 1.
(3) Inst. Just., III, 25, § 9. — Dig., pro socio, L. 1, § 1, L. 2, L. 3, pr., L. 73, L. 43, L. 38, § 1.
(4) Dig., pro socio, L. 19 à 23.
(5) Ibid., L. 63, § 10, L. 65. — Inst. Just., III, 25, §§ 4, 5, 6, 7, 8.
(6) Inst. Just., III, 26.
(7) Dig., De reg. jur., L. 60.

(8) Inst. Just., III, 26, § 7.
(9) Ibid., § 13.
(10) Ibid., § 12. — Dig., Mand., L. 12, § 17.
(11) Dig., De procur., L. 1, § 1; L. 63.— Inst. Just., II, 1, § 43.
(12) Inst. Just., III, 26, pr. à § 6.—Dig., Mand., L. 8, § 6.
(13) Dig., De adq. vel amitt. poss., L. 49, § 2.
(14) Gaii, Comm. IV, § 97.

quérir (1); — d'aliéner (2) ; — de devenir créancier (3) ; — de devenir débiteur (4). — 3° Des effets du mandat entre le mandant et le mandataire : — *a*) Des obligations du mandataire envers le mandant et de l'action *mandati directa :* — De l'obligation d'exécuter le mandat; qu'arrivait-il lorsque le mandataire excédait les limites du mandat (5) ? — De l'obligation de rendre compte. — *b*) Des obligations du mandant envers le mandataire et de l'action *mandati contraria* (6).

V. De l'extinction du mandat (7) : — 1° De la révocation du mandat. — 2° De la renonciation au mandat. — 3° De la mort du mandant. — 4° De la mort du mandataire.

VI. Nature juridique du contrat de mandat.

VII. De quelques mandats en particulier : — 1° Du mandat salarié (8) : — A quel caractère distinguait-on le mandat salarié du louage de travail? — Cette distinction peut-elle se justifier en théorie? — 2° Du *mandatum pecuniæ credendæ* (9). — 3° Du mandat *in rem suam* (10).—4° Du mandat *ad litem* (11).—5° Du *receptum arbitrium* (12): — Entre les plaideurs, il y avait compromis. — Entre les plaideurs et l'arbitre, il y avait mandat. — Des effets de la sentence arbitrale.

III.

Des simples pactes.

§ 1er. — Des *pacta nuda.*
1° Définition des *pacta nuda.* — 2° Produisaient-ils une obligation naturelle (13)?

§ 2. — Des *pacta vestita.*
I. Définition des *pacta vestita.*

II. — Des pactes civils : — Les seuls pactes civils non élevés au rang de contrats sont les *pacta adjecta* (14).

III. Des pactes prétoriens : — 1° Pacte de constitut (15). — 2° Pacte de serment (16). — 3° Pacte de précaire (17). — 4° Faut-il ajouter à cette liste le pacte d'hypothèque?

(1) Inst. Just., II, 9, § 6.
(2) Inst. Just., II, 1, § 42.
(3) Dig., *De verb oblig.*, L. 79.
(4) Inst. Just., IV, 7, § 2.
(5) Inst. Just., III, 26, § 8. — Dig., *Mand.*, L. 3, § 2, L. 4, L. 5. — Gaii, *Comm.* III, § 161.
(6) Dig., *Mand.*, L. 12, § 7.
(7) Inst. Just., III, 26, §§ 9, 10, 11.
(8) Dig., *Mand.*, L. 6, pr. — Dig., *De extraord. cognit.*, L. 1.
(9) Voyez *infra*, de l'intercessio.
(10) Voyez *infra*, de la cession de créance.
(11) Voyez *infra*, 13e div. des actions.
(12) Dig., *De recept. arbitr.*
(13) Dig., *De pactis.* L. 7, § 4. — Dig., *De verb. oblig.*, L. 1, § 2.
(14) Voyez *infra*, 9e div. des actions.
(15) Voyez *infra*, 5° div. des actions.
(16) *Ibid.*
(17) Voyez *infra*, des interdits.

IV. Des pactes légitimes : —1° *Receptitium* (1).—2° Pacte d'intérêts dans certains cas de *mutuum* (2). — 3° Pacte d'emphytéose (3). — 4° Pacte de dot (4). — 5° Pacte de donation (5).

DEUXIÈME SOURCE.

DES FAITS QUI DONNAIENT NAISSANCE AUX OBLIGATIONS COMME SI ELLES NAISSAIENT DES CONTRATS.

§ 1er. — Généralités.

1° Comment les jurisconsultes romains ont-ils été amenés à distinguer cette deuxième source des obligations? (6). — 2° L'expression *quasi-contractus* n'est pas romaine. — 3° Quels sont les caractères généraux des faits générateurs d'obligations que nous allons étudier? — 4° L'énumération contenue aux Instituts n'est pas limitative.

§ 2. — De la gestion d'affaires (7).

1° Définition de la gestion d'affaires. — 2° Des éléments essentiels caractéristiques de la gestion d'affaires (8) : — Il fallait qu'une affaire ait été faite ; — qu'elle ait été faite à l'insu du maître ; — que le gérant ait agi dans l'intention d'être gérant d'affaires. — 3° Des effets de la gestion d'affaires (9) : — a) Entre le gérant et les tiers. — b) Entre le maître et les tiers. — c) Entre le maître et le gérant : — Des obligations du gérant envers le maître et de l'action *negotiorum gestorum directa*. — Des obligations du maître envers le gérant et de l'action *negotiorum gestorum contraria*.

§ 5. — De la tutelle et de la curatelle (10).

1° Lorsque le tuteur gérait, il se trouvait dans une position analogue à celle du gérant d'affaires.— 2° Conséquences de ce principe et notamment des actions *tutelæ directa et contraria*.— 3° Quelles sont néanmoins les différences qui existaient entre le tuteur et le gérant d'affaires (11). — 4° Quelles étaient les différences qui existaient, sous le rapport qui nous occupe, entre le tuteur et le curateur (12).

§ 4. — De la communauté d'intérêts (15).

1° Quels sont les cas dans lesquels il y avait communauté d'intérêts. — 2° Des

(1) Voyez *infra*, 5e div. des actions.
(2) Dig., *De naut. fœnor.*, L. 5, L. 7.—Dig., *De usuris*, L. 30. — Cod. Just., *De usuris*, L. 12.
(3) Voyez *supra*, du louage.
(4) Voyez *infra*, Livre 5.
(5) *Ibid.*
(6) Iust. Just., III, 27, pr.
(7) Inst. Just., III, 27, § 1.
(8) Dig., *Mand.*, L. 6, § 1, L. 40. —Dig.,

De reg. jur., L. 60.—Dig., *De neg. gest.*, L. 6, § 3, L. 5, § 1, L. 49. — Dig., *De excep. dol. mal.*, L. 14.
(9) Inst. Just., III, 27, § 1. — Dig., *Neg gest.*, L. 2, L. 10, § 1.
(10) Inst. Just. III, 27, § 2.
(11) Dig., *De contrar. tut.*, L. 1, pr. — Cod. Just., *De neg. gest.*, L. 20.
(12) Dig., *De tut. et ration.*, L. 4, § 3.
(13) Inst. Just., III, 27, §§ 3, 4.

obligations qui pouvaient exister entre communistes, des actions *familiæ erciscundæ et communi dividundo.* — 3° Quelles sont les différences pratiques qui existaient entre la société et la communauté d'intérêts.

§ 5. — De l'adition d'hérédité et de l'immixtion (1).

1° L'acceptation par l'héritier ne créait aucune obligation nouvelle quant aux dettes qui grevaient l'hérédité. — 2° Quant aux legs et aux fidéicommis, il n'en était pas de même (2). — Distinction du cas où l'héritier était externe et du cas où il était nécessaire. — Lorsque le legs était *per vindicationem*, l'héritier devenait-il débiteur du légataire (3)?

§ 6. — Du paiement de l'indû (4).

1° Définition du paiement de l'indû. — 2° De l'obligation et de l'action qui naissaient du paiement de l'indû :—L'obligation était celle pour l'*accipiens* de restituer ce qu'il avait reçu. — Cette obligation était sanctionnée par la *condictio indebiti.* — Il résulte de là que la propriété de la chose avait été transférée à l'*accipiens* (5). — *Quid* si le *solvens* était incapable d'aliéner (6)? — 3° Des éléments essentiels pour qu'il y ait lieu à la répétition: - *a)* Il fallait qu'il y ait eu un paiement.— *b)* Le *solvens* devait avoir payé ce qu'il ne devait pas : — Cas dans lesquels il y avait paiement de l'indû. —Cas dans lesquels il n'y avait pas paiement de l'indû (7). — *c)* Le *solvens* devait avoir payé par erreur : (8) — Pourquoi le *solvens* qui payait sciemment n'avait-il pas la répétition (9)? —L'erreur de droit pouvait-elle fonder la répétition (10)? — Que décidait-on dans le cas où le *solvens* étant débiteur d'un genre ou de deux choses sous l'alternative, payait croyant être débiteur d'un corps certain ou d'une seule chose (11)? — *Quid* si le *solvens* était incapable d'aliéner? — 4° De la preuve (12) : — Du cas où l'*accipiens* avouait le fait du paiement. — De ceux où il le niait. — 5° Des différences qui existaient entre l'*accipiens* de bonne foi et l'*accipiens* de mauvaise foi (13) : — Quant à l'*usucapion*, — Quant au *quantum* de la condamnation, — *Quid* quant aux fruits et aux intérêts ?

TROISIÈME SOURCE.

LE DÉLIT.

§ 1. — Généralités.

1° Les Romains distinguaient les délits publics et les délits privés (14). —

(1) *Ibid.*, § 5.
(2) Dig., *De oblig. et act.*, L. 40.
(3) Dig., *De leg. 1°*, L. 84, § 13, L. 85, L. 108, § 2.
(4) Inst. Just., III, 14, § 1 —27, § 6, 7.
(5) Dig., *De cond. indeb.*, L. 53.
(6) *Ibid.*, L. 29.
(7) *Ibid.*, L. 22, L. 2, § 1, L. 65, § 9, L. 26, § 3, L. 16, L. 17, L. 51, L. 10. — Dig., *De condict. ob turp. caus.* — Cod. Just., *De cond. indeb.*, L. 1.

(8) Dig., *De cond. indeb.*, L. 1, § 1.
(9) Dig., *De reg. jur.*, L. 53.
(10) Dig., *Ut in poss. legat.*, L. 1, pr. — Cod. Just., *De jur. et fact. ignor.*, L. 10.
(11) Dig., *De cond. indeb.*, L. 32, § 3. — Dig., *De leg. 2°*, L. 19.
(12) Dig., *De prob. et præs.*, L. 25, pr.
(13) Dig., *Pro suo*, L. 3.—Dig., *De cond. indeb.*, L. 15, L. 26, § 12, L. 65, §§ 7, 8. — Cod. Just., *De cond. indeb.*, L. 1.
(14). Dig., *De privatis delictis.*

2° Sous quels rapports différaient-ils? — 3° Les délits privés pouvaient donner naissance à des actions, soit *rei persequendæ*, soit *pœnæ persequendæ*, soit *mixtæ*. — 4° Pour qu'il y ait délit privé, il fallait que l'agent ait accompli un fait (1), volontaire, illicite et dommageable. — 5° Les Romains distinguaient le cas où il y avait délit (*stricto sensu*), et le cas où l'obligation naissait comme s'il y avait eu un délit. — Quel était le *criterium* de distinction?

§ 2. — Du vol (2).

I. Généralités : — 1° Définition du vol (3).—2°Etymologie du mot *furtum* (4). — 3° Division du vol : — Vol manifeste. — Vol non manifeste (5).

II. Eléments essentiels caractéristiques du vol : — 1° De la chose objet du vol (6) : — a) Du *furtum rei* (*id est dominii*). — La chose devait être mobilière (7). — Elle devait appartenir à quelqu'un (8). — Ne pas appartenir à l'agent (9). — b) Du *furtum usus* (10). — c) Du *furtum possessionis* (11). — 2° De la *contrectatio* (12). — 3° De l'*affectus furandi* (13).

III. Des obligations et des actions qui naissaient du vol:—1° Des actions *pœnæ persequendæ* : — a) Quelles étaient ces actions (14) : — Action *furti manifesti*.— *Furti nec manifesti*. — *Furti concepti*. — *Furti oblati*. — *Furti prohibiti*. — *Furti nec exhibiti*. — Sous Justinien, les deux premières actions subsistaient seules. — b) Quel était le résultat de ces actions (15). — Comment se déterminait le chiffre que l'on multipliait par 2, 3 ou 4 (16). — c) A qui appartenaient-elles? — Le demandeur devait avoir intérêt à ce que le vol n'ait point eu lieu ; il n'était donc pas nécessaire qu'il fût propriétaire (17).—L'intérêt du demandeur devait être légitime (18).—Devait-il avoir eu la détention de la chose volée (19)? — d) Contre qui étaient données ces actions : — Quelles actions étaient données contre le voleur (20)? — Contre le complice (21)? — Contre le receleur (22)? — 2° Des actions *rei persequendæ* (23) : — a) Quelles étaient ces actions : — Action en revendication. — Action *ad exhibendum*. — *Condictio furtiva*. — Action

---

(1) Inst. Just., IV, 1, pr.
(2) Inst. Just., IV, 1.
(3) *Ibid.*, § 1.
(4) *Ibid.*, § 2.
(5) *Ibid.*, § 3.
(6) *Ibid.*, § 1.
(7) Inst. Just., II, 6, § 7. — Gaii, *Comm.* II, § 51. — Inst. Just., IV, 1, § 9. — Dig., *De furt.*, L. 25, § 2, L. 57.
(8) Dig., *De furt.*, L. 26, L. 43, § 5. — Gaii, *Comm.* II, §§ 9, 52 et suiv. — III, § 201. — Paul, *Sent.* II, 31, § 11.
(9) Paul, *Sent.* II, 31, § 21.
(10) Inst. Just., IV, 1, § 6. — Dig., *De furt.*, L. 15, § 1.
(11) Inst. Just., IV, 1, § 10.
(12) Dig., *De furt.*, L. 52, § 19, L. 21, § 7.
(13) Inst. Just., IV, 1, §§ 7, 8. —Inst. Just., II, 6, §§ 4, 5.

(14) Gaii, *Comm.* III, §§ 184 à 188. — Inst. Just., IV, 1, §§ 3, 4.
(15) Gaii, *Comm.* III, §§ 189 à 193.— Inst. Just., IV, 1, § 5.
(16) Dig., *De furt.*, L. 50, pr., L. 27, pr., L. 74, L. 80, § 1.
(17) Inst. Just., IV, 1, §§ 13 à 17. — *Ibid.*, IV, 2, § 2.
(18) Dig., *De furt.*, L. 12, § 1.
(19) *Ibid.*, L. 14, L. 49, L. 85.—Paul, *Sent.* II, 31, § 17.
(20) Inst. Just., IV, 1, § 12.
(21) *Ibid.*, §§ 11, 12. — Dig., *De furt.*, L. 34.
(22) Gaii, *Comm.* III, §§ 186 et suiv. — Inst. Just., IV, 1, § 4.
(23) Inst. Just., IV, 1, § 19. — Dig., *De cond. furt.*, L. 1, L. 5 à 8, L. 16 L. 26.

rerum amotarum. — *b*) Quel était le résultat de ces actions ? — *c*) À qui appartenaient-elles? — *d*) Contre qui étaient-elles données ? — 3° Du *judicium extraordinarium* qui pouvait avoir lieu sous l'Empire en cas de vol (1).

§ 5. — De la rapine (2).

1° Définition de la rapine. — 2° Eléments essentiels caractéristiques de la rapine (3). 3° Des obligations et des actions qui naissaient de la rapine : — *a*) De l'action mixte *vi bonorum raptorum* (4). — *b*) Des actions *rei persequendæ* : — Revendication. — Action *ad exhibendum.* — *Condictio furtiva* (5). — *c*) Du *judicium publicum* : — Distinction de la *vis publica* et de la *vis privata* (6). — Le criminel tenait-il le civil en état (7)? — 4° Pourquoi le préteur avait-il cru devoir organiser la rapine comme un délit distinct du vol?

§ 4. — Du dommage (8).

I. Généralités : — 1° Définition du *damnum injuria datum* — 2° Historique des sources législatives (9) : — Sources antérieures à la loi *Aquilia.*— Histoire externe de la loi *Aquilia.* — Extensions de jurisprudence.

II. Du premier et du troisième chefs de la loi *Aquilia :* — 1° Eléments essentiels caractéristiques du *damnum.* — *a*) Eléments spéciaux au premier chef (10). —*b*) Eléments spéciaux au troisième chef (11).— *c*) Eléments communs aux deux chefs (12) : — Le *damnum* devait avoir été causé *injuria* — *corpore* — *corpori.* — 2° De l'obligation et de l'action qui naissaient du *damnum :* — *a*) Le *damnum* donnait naissance à une action dite *legis Aquiliæ* ou *damni injuriæ*(13).— *b*) Quel était son résultat : (14) — Si le défendeur avouait *in jure,* soit au cas du premier chef, soit au cas du troisième chef. — Si le défendeur niait *in jure.*— Cette action était mixte à deux points de vue. — *c*) A qui appartenait-elle? (15)—*d*) Contre qui était-elle donnée? (16)—3° Extensions réalisées par la jurisprudence : — Quant aux cas dans lesquels il y avait lieu à l'action (17). — Quant au *quantum* de la condamnation (18). — Quant aux personnes qui pouvaient exercer l'action (19). — Quant aux personnes contre lesquelles l'action pouvait être donnée (20). — 4° Le *damnum* ne donnait-il pas quelquefois naissance à un *judicium publicum*? (21)

III. Du deuxième chef de la loi *Aquilia* (22).

(1) Dig., *De furt.*, L. 56, § 1.
(2) Inst. Just., IV, 2.
(3) *Ibid.*, pr., §1.— Cod. Just., *Unde vi,* L. 7.
(4) Inst. Just., IV, 2, § 1. — Dig., *Vi bon. rapt.,* L. 2, § 13.
(5) Dig., *Vi bon. rapt.,*L. 2, § 26.
(6) Inst. Just., IV, 13, § 8.
(7) Dig., *Vi bon. rapt.,* L. 2, § 1.
(8) Inst. Just., IV, 3.
(9) Dig., *Ad leg. Aquil.*, L. 1.
(10) Inst. Just., IV, 3, pr., § 1.
(11) *Ibid.*, § 13.
(12) *Ibid.*, §§ 2 à 8, 16. — Dig., *Ad leg. Aquil.*, L. 9, L. 11, § 5.
(13) Inst. Just., IV, 3, pr.
(14) *Ibid.*, pr., §§ 9, 14, 15.—*Ibid.*, IV, 6, § 19.
(15) Dig., *Ad leg. Aquil.*, L. 11, § 9.
(16) Inst. Just., IV, 3, § 9.
(17) *Ibid.*, § 16.— Dig., *Ad leg. Aquil.*, L. 9, pr., L. 13, pr.
(18) Inst. Just., IV, 3, § 10.
(19) Dig., *Ad leg. Aquil.*, L. 11, §§ 8, 10.
(20) *Ibid.*, L. 11, § 1.
(21) Inst. Just., IV, 3, § 11.
(22) *Ibid.*, § 12. — Gaii, *Comm.* III, §§ 215, 216.

§ 5. — De l'injure (1).

1° Définition de l'injure (2). — 2° Eléments essentiels caractéristiques de ce délit : — Il fallait un fait de nature à porter atteinte à la dignité ou à l'exercice libre des droits d'une autre personne (3). — L'intention d'injurier (4). — Le ressentiment de la victime (5). — L'illégalité du fait (6). — 3° Division de l'injure : — Au point de vue du procédé auquel l'agent avait eu recours (7). — Au point de vue du droit lésé par l'injure (8). — Au point de vue de la gravité de l'injure (9). — 4° De l'obligation et de l'action qui naissaient de l'injure : — *a*) Nature et origine de l'action d'injure (10). — *b*) A qui appartenait cette action? (11) — Du cas où l'injure avait été dirigée directement contre un *paterfamilias*. — Du cas où elle avait été dirigée contre un *filiusfamilias*. — Du cas où elle avait été dirigée contre une femme mariée, soit avec *manus*, soit sans *manus*. — Du cas où elle avait été dirigée contre un esclave. — *c*) Contre qui l'action d'injure était-elle donnée? (12) — *d*) Quel était le résultat de cette action: (13) — D'après la loi des XII Tables. — D'après l'édit du préteur. — D'après la loi *Cornelia*. — 5° L'injure ne donnait-elle pas naissance à un *judicium*, soit *publicum*, soit *extraordinarium* (14).

QUATRIÈME SOURCE.

DES FAITS QUI DONNAIENT NAISSANCE AUX OBLIGATIONS COMME SI ELLES NAISSAIENT DES DÉLITS.

I. Généralités : — 1° Comment les jurisconsultes romains sont-ils arrivés à distinguer cette quatrième source des obligations? — 2° L'expression *quasi delictum* n'est pas romaine. — 3° Quels sont les caractères généraux des faits générateurs d'obligations que nous allons étudier? — 4° L'énumération contenue aux Instituts n'est pas limitative.

II. Cas cités aux Instituts : —1° Du cas où le juge avait fait le procès sien (15). — 2° De *effusis et dejectis* (16). — 3° De *periculose positis et suspensis* (17). — 4° Du *damnum* et du *furtum* dont était responsable le maître d'un navire ou l'aubergiste (18).

(1) Inst. Just., IV, 4.
(2) *Ibid.*, pr.
(3) *Ibid.*, § 1.
(4) Dig., *De injur.*, L. 3, §§ 1, 2.
(5) Inst. Just., IV, 4, § 12.
(6) Dig., *De injur.*, L. 13, §§ 1, 2, 6, L. 18, pr.
(7) *Ibid.*, L. 1, § 1.
(8) *Ibid.*, L. 1, § 2.
(9) Inst. Just., IV, 4, § 9.
(10) Paul, *Sent.* V, 4, §§ 6, 7, 8.
(11) Inst. Just., IV, 4, §§ 2, 3, 4, 5, 6.— Gaii, *Comm.* III, § 221.—Dig., *De injur.*, L. 1, § 3, L. 17, §§ 10 à 17, L. 15, §§ 34 et suiv.

(12) Inst. Just., IV, 4, § 11.
(13) Inst. Just., IV, 4, §§ 7, 8.— Gaii, *Comm.* III, §§ 223, 224.— Paul, *Sent.* V, 4, §§ 6 et suiv.— Dig., *De injur.*, L. 37, § 1.
(14) Inst. Just., IV, 4, § 10.
(15) Inst. Just., IV, 5, pr. — Dig., *De judic. et ubi*, L. 15, § 1.
(16) Inst. Just., IV, 5, §§ 1, 2. — Dig., *De his qui eff. vel dej.*
(17) *Ibid.*
(18) Inst. Just., IV, 5, § 3. — Dig., *Naut. caup. ut recept. rest.*

APPENDICE.

Théorie des fautes.

§ 1. — Généralités.

1° Position de la question. — 2° Distinction du cas fortuit et de la faute. — 3° Distinction de la faute contractuelle et de la faute délictuelle.

§ 2. — Exposé de la théorie des fautes telle qu'elle est généralement enseignée en France aujourd'hui.

I. De la faute contractuelle : — 1° Des diverses espèces de fautes (1) : — *a*) Les Romains ne distinguaient que deux espèces de fautes : — *Dolus et culpa lata proxima dolo.* — *Culpa levis.* — *b*) Mais ils reconnaissaient qu'il pouvait y avoir trois degrés de prestation : — *Dolus et culpa lata.* — *Culpa levis in concreto.* — *Culpa levis in abstracto.* — 2° Des règles en vertu desquelles on déterminait le degré de prestation dont chaque débiteur était tenu : — *a*) Du cas où le contrat était de bonne foi (2) : — Ire hyp. : — Le but direct du contrat était de charger le débiteur de l'administration des affaires du créancier (*culpa levis in abstracto*). — 2e hyp. : — Le but direct du contrat n'était pas de charger le débiteur de l'administration des affaires du créancier : — Il fallait alors voir si le contrat n'intéressait que le créancier (*culpa lata*), — ou si, intéressant le débiteur et le créancier, le débiteur gérait une chose commune (*culpa levis in concreto*), — ou enfin si le contrat intéressant le débiteur et le créancier, ou même le débiteur seul, celui-ci ne gérait pas une chose commune (*culpa levis in abstracto*). — *b*) Du cas où le contrat était de droit strict (3). — 3° Application des règles ci-dessus aux divers contrats et aux divers cas dans lesquels il y avait comme un contrat (4).

II. De la faute délictuelle : — 1° Le débiteur était toujours tenu de la *culpa levissima* (5). — 2° Le débiteur n'était jamais tenu que de la faute *in committendo.* — 3° Aucune convention antérieure au délit ne pouvait diminuer la responsabilité du débiteur (6). — 4° L'action qui sanctionnait la faute délictuelle ne passait contre les héritiers du débiteur que *quatenus locupletiores facti essent* (7).

III. Du concours de la faute contractuelle et de la faute délictuelle (8) : — 1° Le débiteur pouvait commettre une faute à la fois contractuelle et délictuelle. —

(1) Dig., *De reg. jur.*, L. 23. — Dig., *De leg. 1°*, L. 47, § 5. — Dig., *De verb. signif.*, L. 213, § 2, L. 226.— Dig., *Depositi*, L. 32.
(2) Dig., *De reg. jur.*, L. 23. — Dig., *De leg. 1°*, L. 108, § 12. — Dig., *Commod.*, L. 18, pr.— Dig., *præscript. verb.*, L. 17, § 2. — Dig., *fam. ercisc.*, L. 25, § 16.

(3) Dig., *De verb. oblig.*, L. 91, pr.
(4) Inst. Just., III, 14, §§ 2, 3, 4. — III, 23, § 3. — III, 24, § 5. — III, 25, § 9. — III, 27, § 1.
(5) Dig., *Ad. leg. Aquil.*, L. 44.
(6) Dig., *De pactis*, L. 27, § 4.
(7) Inst. Just., IV, 12, § 1.
(8) Dig., *Commod.*, L. 18, § 1.

2° Le créancier pouvait alors intenter à son choix l'action du contrat ou l'action du délit. — 3° Mais pouvait-il intenter l'action du délit pour une faute qui n'eût pas pu donner naissance à l'action du contrat?

§ 5. — Examen de quelques autres théories des fautes.

I. Indication sommaire de plusieurs théories des fautes.

II. Théorie des trois fautes : — 1° Dans cette théorie, on distingue trois espèces de fautes contractuelles : — *Dolus et culpa lata.* — *Culpa levis.* — *Culpa levissima* (1). — 2° On prétend que le débiteur est tenu de l'une des trois fautes, suivant que le contrat est dans l'intérêt unique du créancier, ou dans l'intérêt respectif du créancier et du débiteur, ou enfin dans l'intérêt unique du débiteur. — 3° Cette théorie diffère de celle enseignée en deux points principaux : — Elle reconnaît l'existence d'une *culpa levissima* en matière de contrats. — Elle ne distingue pas deux degrés de prestation dans la *culpa levis.*

TITRE TROISIÈME.

DES PERSONNES EN MATIÈRE D'OBLIGATIONS.

(Inst. Just., III, 19, §§ 6 à 10. = III, 17 = III, 28.)

I.

De la capacité de devenir créancier ou débiteur.

§ 1. — Généralités.

1° La capacité de devenir créancier et celle de devenir débiteur étaient différentes. — 2° La capacité variait aussi à raison de la source de l'obligation. — 3° Le préteur modifiait quelquefois les règles du droit civil, grâce à la *restitutio in integrum.* — 4° La capacité avait fini par devenir le droit commun.

§ 2. — De l'incapacité des personnes *sui juris.*

I. Du pupille : 1° L'incapacité du pupille était différente suivant qu'il était *infans, infantiæ proximus* ou *pubertati proximus* (2). — 2° Exposé des deux systèmes qui existent relativement au point de départ et d'arrivée de ces trois périodes (3). — 3° Incapacité de l'*infans* : — *a*) Il ne pouvait devenir débiteur, ni par un contrat, ni par un délit, ni comme par un délit. — Pouvait-il devenir débiteur comme par un

(1) Dig., *Commod.*, L. 5, § 2.
(2) Inst. Just., III, 19, § 10.
(3) Dig., *Ad snc. Trebell.*, L. 65, § 3.

— Dig., *De per. et adm. tut.*, L. 1, § 2.
— Dig., *De verb. oblig.*, L. 70. — Cod. Just., *De jure delib.*, L. 18, pr.

contrat (1)? — Cependant l'*infans* se trouvait obligé *quatenus locupletior factus esset*, même civilement depuis Antonin-le-Pieux (2). — *b*) Il ne pouvait devenir créancier par un contrat; mais il pouvait le devenir comme par un contrat, par un délit ou comme par un délit. — *c*) L'*auctoritas* du tuteur ne pouvait en principe relever le pupille de son incapacité (3). — 4° Incapacité de l'*infantiœ proximus* : — Les règles relatives à l'infans étaient applicables, sauf les différences suivantes : — L'*infantiœ proximus* pouvait devenir créancier par un contrat. — Il pouvait devenir débiteur par un contrat avec l'*auctoritas* de son tuteur (4) — 5° Incapacité du *pubertati proximus* : — Les règles relatives à l'*infantiœ proximus* étaient applicables, sauf les différences suivantes : — Le *pubertati proximus* pouvait s'obliger par un délit ou comme par un délit (5). — Il est probable que depuis Antonin-le-Pieux il s'obligeait naturellement par un contrat pour tout ce qui excédait le *quatenus locupletior factus esset* (6).

II. De la femme en tutelle : — 1° A l'époque des jurisconsultes classiques, la femme, quoique pubère, avait, d'après le droit civil, une capacité analogue à celle du pupille *pubertati proximus* (7). — 2° Modifications du droit prétorien (8). — 3° Sous le Bas-Empire, la femme pubère avait, en principe (9), la même capacité que celle de l'homme pubère.

III. De l'adolescent : — 1° Il pouvait devenir créancier, par un contrat, comme par un contrat, par un délit, comme par un délit. — 2° Il pouvait devenir débiteur par un délit et comme par un délit. — Pouvait-il devenir débiteur par un contrat ? — Exposé des trois principaux systèmes qui existent sur ce point (10). — Pouvait-il devenir débiteur comme par un contrat?

IV. Le fou : — 1° Dans un intervalle lucide, il pouvait devenir débiteur ou créancier par un contrat, comme par un contrat, par un délit, comme par un délit (11). — 2° Dans un moment de démence, il ne pouvait devenir débiteur ni par un contrat, ni par un délit, ni comme par un délit (12); pouvait-il devenir débiteur comme par un contrat (13)?—Il pouvait devenir créancier comme par un contrat, par un délit, comme par un délit (14); il ne le pouvait par un contrat (15).

V. Le prodigue (16) : — 1° Il pouvait devenir créancier par un contrat, comme par un contrat, par un délit, comme par un délit. — 2° Il pouvait devenir débiteur par un délit ou comme par un délit. — Il ne le pouvait par un contrat. — Le pouvait-il comme par un contrat ?

VI. De l'idiot : — 1° Si l'idiotisme était complet, il ne pouvait devenir créancier par un contrat, mais il le devenait par un délit. — Il ne pouvait devenir débiteur.

(1) Dig., *Neg. gest.*, L. 37, pr. — Inst. Just., III, 14, § 1.
(2) Dig., *De auct. tut.*, L. 1, L. 5, pr.
(3) Dig., *De seg. jur.*, L. 5.
(4) Inst. Just., III, 19, §§ 9, 10.
(5) Inst. Just., IV, 1, § 18.
(6) Dig., *De solut.*, L. 95, § 2. — Dig., *Ad leg. Falcid.*, L. 21, pr. — Dig., *De verb oblig.*, L. 127.
(7) Gaii, *Comm.*, III, § 108.
(8) Gaii, *Comm.* I, §§ 190, 192.
(9) Dig., *Ad snc. Vell.*, L. 1.
(10) Dig., *De verb. oblig.*, L. 101. — Cod. Just., *De in integr. rest.*, L. 3.
(11) Cod. Just., *De curat. fur.*, L. 6.
(12) Dig., *De oblig. et act.*, L. 1, § 12. — Dig., *Ad leg. Aquil.*, L. 5, § 2.
(13) Dig., *Neg. gest.*, L. 3, § 5.
(14) Dig., *De oblig. et act.*, L. 24.
(15) Inst. Just., III, 19, § 8.
(16) Dig., *De verb. oblig.*, L. 6.

— 2° Si l'idiotisme n'était que partiel, il pouvait devenir créancier, et même débiteur (1), sauf la *restitutio in integrum*.

§ 5. — De l'incapacité des personnes *alieni juris*.

I. Incapacité des *alieni juris* à l'égard de leur *paterfamilias* : — 1° Les *alieni juris* ne pouvaient être ni créanciers ni débiteurs de leur *paterfamilias* (2). — 2° Exceptions relatives : — aux obligations naturelles (3); — au cas où le fils de famille avait un pécule propre (4).

II. Incapacité des *alieni juris* à l'égard des tiers : — 1° De la personne *in dominica potestate* (5) : — Par un contrat, l'esclave ne pouvait devenir ni créancier ni débiteur *jure civili*, mais il pouvait devenir créancier ou débiteur *jure naturali*. — Par un délit, il pouvait devenir débiteur même *jure civili* en un certain sens. — 2° De la personne *in patria potestate* (6) : — Le fils de famille pouvait personnellement devenir créancier ou débiteur (sauf au cas de *mutuum*) (7) même *jure civili*, soit par un contrat, soit par un délit. — Puisqu'il pouvait s'obliger, n'y a-t-il pas lieu d'examiner si toutes les circonstances qui rendaient un *sui juris* incapable venaient également lui enlever la capacité ? — Que faut-il spécialement décider quant au fils de famille impubère (8) et quant à la fille de famille pubère (9)? — 3° De la personne *in manu*. — 4° De la personne *in mancipio*.

II.

Des personnes par l'intermédiaire desquelles on pouvait devenir créancier ou débiteur.

SECTION I. — Des personnes par l'intermédiaire desquelles on pouvait devenir créancier.

§ 1. — Des personnes sur lesquelles le *paterfamilias* avait une puissance domestique.

I. Des personnes *in dominica potestate* : — 1° De l'esclave dans la position de droit commun : — L'esclave incapable de devenir personnellement créancier *jure civili*, pouvait cependant, en empruntant la capacité de son maître, acquérir à celui-ci un droit de créance soit par un contrat (10), soit par un délit (11). — La créance était alors acquise au maître à son insu et même malgré lui (12).—Quel était le maître qui acquérait la créance lorsqu'elle était conditionnelle ? (13)—Qu'arrivait-il lorsque l'esclave

(1) Inst. Just., III, 19, § 7.
(2) Inst. Just., III, 19, § 6.
(3) Dig., *De cond. ind.*, L. 38.
(4) Dig., *De castr. pec.*, L. 15, §§ 1, 2.
(5) Dig., *De oblig. et act.*, L. 14.—Dig., *Depos.*, L. 21, § 1.
(6) Dig., *De oblig. et act.*, L. 39.—Dig., *De judic.*, L. 57.
(7) Dig., *Ad snc. Maced.*, L. 1, pr.

(8) Inst. Just., III, 19, § 10.
(9) F. V., § 99.—Dig., *Commod.*, L. 3, § 1. — Dig., *Ad snc. Maced.*, L. 9, § 2.
(10) Inst. Just., III, 17, pr.
(11) Dig., *De injur.*, L. 15, § 35.
(12) Dig., *De verb. oblig.*, L. 62.
(13) Dig., *De reg. jur.*, L. 144, § 1.—Dig., *De stip. serv.*, L. 40.

stipulait une chose que son maître ne pouvait acquérir? (1) — Peu importait que l'esclave stipulât *domino, sibi, conservo suo* ou *impersonaliter* (2). — *Quid* lorsque l'esclave stipulait un fait personnel? (3) — 2° De l'esclave abandonné (4). — 3° De l'esclave d'une cité (5). — 4° De l'esclave d'une hérédité jacente : — Introduction du principe *hereditas sustinet personam defuncti* (6) — L'esclave pouvait-il stipuler pour l'héritier futur? (7) — En quoi la stipulation faite par l'esclave d'une hérédité jacente différait-elle de la stipulation faite par l'esclave d'une personne vivante? (8) — 5° De l'esclave d'un pécule *castrans* (9) : — Du cas où l'héritier institué par le fils de famille faisait adition. — Du cas où il répudiait. — 6° De l'esclave d'un captif de guerre (10) : — Du cas où le captif sortait de captivité. — Du cas où il mourait chez l'ennemi. — 7° De l'esclave sur lequel une personne avait le *jus Quiritium* et qu'une autre personne avait *in bonis* (11). — 8° De l'esclave commun (12) : — En principe, la créance était acquise aux maîtres proportionnellement à leur part dominicale. Il existait des exceptions à cette règle. — 9° De l'esclave soumis à un droit d'usufruit, de l'esclave d'autrui possédé de bonne foi et de l'homme libre possédé de bonne foi (13) : — L'usufruitier ou le possesseur ne pouvait acquérir que *ex duabus causis*. — Qui acquérait la créance dans les autres cas? — 10° De l'esclave soumis à un droit d'usage (14).

II. Des personnes *in patria potestate* : — 1° Quoique le fils de famille fût personnellement capable de devenir créancier, il n'en acquérait pas moins la créance au *paterfamilias*, du moins en principe (15). — 2° Dérogations successives introduites par la théorie des pécules (16).

III. Des personnes *in manu* (17).

IV. Des personnes *in mancipio* (18).

§ 2. — Des personnes sur lesquelles le *paterfamilias* n'avait aucune puissance.

1° En principe, on ne pouvait acquérir une créance *per extraneam personam* (19). — 2° Dérogations au principe : — De la tradition de brève-main (20). — Cas dans lesquels on finit par donner une action utile au véritable créancier (21).

---

(1) F. V., § 56. — Dig., *De serv. leg.*, L. 5.

(2) Inst. Just., III, 17, § 1.

(3) *Ibid.*, § 2.

(4) Dig., *De stip. serv.*, L. 36.

(5) *Ibid.*, L. 3.

(6) Inst. Just., III, 17, pr. — Dig., *De adq. rer. dom.*, L. 34. — Gaii, Comm. II, § 9.

(7) Dig., *De adq. vel omitt. her.*, L. 54. — Dig., *De stip. serv.*, L. 16, L. 28, § 4.

(8) Dig., *De stip. serv.*, L. 18, § 2; L. 26. — Dig., *De verb. oblig.*, L. 73, § 1.

(9) Dig., *De castr. pec.*, L. 14, §§ 1, 2. — Dig., *De adq. rer. dom.*, L. 33, pr.

(10) Dig., *De stip. serv.*, L. 18, § 2.

(11) Gaii, Comm. III, § 166.

(12) Inst. Just., III, 17, § 3. — III, 28, § 3. — Gaii, Comm. II, § 167.

(13) Inst. Just., III, 28, §§ 1, 2. — Dig.,

De stip. serv., L. 1, § 1; L. 33. — Dig., *De usufr.*, L. 21 à 26.

(14) Inst. Just., III, 28, § 2. — Dig., *De usu et hab.*, L. 14, pr.

(15) Inst. Just., III, 28, pr. — Gaii, Comm. III, § 114. — Dig., *De stip. serv.*, L. 40.

(16) Inst. Just., III, 28, pr. — Cod. Just., *De bon. quæ liber.*, L. 6, L. 8.

(17) Gaii, Comm. III, § 163.

(18) *Ibid.*

(19) Dig., *De jur. dot.*, L. 43, § 1. — Dig., *De adq. vel amitt. posses.*, L. 49, § 2.

(20) Dig., *De jur. dot.*, L. 43, § 1.

(21) Dig., *De verb. oblig.*, L. 79. — Dig., *Rem. pup. salv. fore*, L. 2, L. 3, L. 4. — Dig., *Quando ex fact. tut.*, L. 2. — Inst. Just., I, 11, § 3. — Dig., *De Const. pec.*, L. 5, § 6, L. 7, L. 9, L. 10.

SECTION II. — Des personnes par l'intermédiaire desquelles on pouvait devenir débiteur.

1° En principe, on ne pouvait devenir débiteur par l'intermédiaire d'un tiers. — 2° Cependant le préteur admit, en matière de contrats, qu'une action pouvait être accordée contre celui qui avait donné l'ordre général ou spécial à un *alieni juris* ou même à un *sui juris* de contracter une obligation pour son compte, ou qui aurait profité des résultats du contrat. — Le droit civil finit par entrer dans cette voie (1). — 3° Le droit civil lui-même, en matière de délits, donnait une action, dite noxale, contre le *paterfamiliàs*, à raison des délits de ses *alieni juris* (2).

TITRE QUATRIÈME.

DE L'EXTINCTION DES OBLIGATIONS.

Inst. Just., liv. III, tit. 29.)

I.

Généralités.

I. Définition du mot *liberatio*, et du mot *solutio* pris *lato sensu* (3).

II. Première division des modes d'extinction : — 1° Les modes d'extinction opéraient tantôt *ipso jure,* tantôt *exceptionis ope.* — 2° Cette division des modes d'extinction n'est-elle pas analogue à celle des conventions en contrats et en simples pactes ? — Pourquoi le préteur qui ne sanctionnait pas en principe le simple pacte par une action, le sanctionnait-il toujours par une exception (4)? — 3° Deux intérêts pratiques s'attachaient à cette division : — *a)* En cas de poursuite, le défendeur qui pouvait argumenter d'un mode opérant *ipso jure,* n'avait pas besoin de faire insérer une exception dans la formule ; le défendeur qui ne pouvait argumenter que d'un mode opérant *exceptionis ope,* devait faire insérer l'exception. — *b)* Lorsqu'il était intervenu un mode opérant *ipso jure,* l'obligation était éteinte ; lorsqu'il n'était intervenu qu'un mode opérant *exceptionis ope,* l'obligation était seulement paralysée.

III. Deuxième division des modes d'extinction : — 1° Les modes d'extinction opéraient tantôt d'une manière absolue (*rei cohærentes*), tantôt d'une manière relative

---

(1) Inst. Just., IV, 7.
(2) Inst. Just., IV, 8.
(3) Dig., *De verb. signif.*, L. 47.—Dig.,

De solut., L. 54.
(4) Dig., *De oblig. et act.*, L. 47.

(*personæ cohærentes*). — 2° Deux intérêts pratiques s'attachaient à cette division : — *a*) En cas de pluralité des créanciers ou des débiteurs, le mode d'extinction absolue était opposable à tous les créanciers ou par tous les débiteurs ; le mode d'extinction relative n'était opposable qu'à l'un des créanciers ou que par l'un des débiteurs. — *b*) Le mode d'extinction absolue opérait nécessairement à l'égard des héritiers du créancier et du débiteur ; il pouvait arriver que le mode d'extinction relative n'opérât pas à l'égard des héritiers.

IV. Troisième division des modes d'extinction : — 1° Il y avait des faits qui éteignaient les obligations, d'autres avaient plutôt pour résultat d'en démontrer l'inexistence. — 2° La transaction, la chose jugée, le pacte de serment rentrent dans cette dernière catégorie. — 3° Toutefois, ces faits étaient en général régis par des règles analogues à celles des modes d'extinction.

II.

Des modes d'extinction qui opéraient ipso jure.

§ 1. — Du paiement (1).

I. Définition du paiement (2). — Divers sens du mot *solutio*.

II. Qui pouvait payer : — 1° Dans les obligations de *dare* toute personne pouvait payer, pourvu que le *solvens* fût propriétaire et capable d'aliéner (3). — 2° Dans les obligations de *facere*, il fallait examiner si le créancier avait intérêt à l'exécution personnelle par le débiteur (4).

III. A qui pouvait-on payer : — 1° On pouvait payer au créancier capable d'aliéner (5). — 2° Ou à la personne ayant qualité pour recevoir au nom du créancier (6). — 3° Du cas où le créancier refusait de recevoir le paiement (*oblatio et obsignatio* (7).

IV. Que devait-on payer : — 1° On devait payer la chose due et toute la chose due. — 2° Exception au premier principe : *Datio in solutum* (8). — 3° Exceptions au second principe (9).—4° Quand la chose due était une quantité, sur quels individus le débiteur pouvait-il faire porter son choix (10) ?

V. Quand et où devait-on payer (11).

VI. De l'imputation des paiements (12).

VII. Des effets du paiement : — 1° Du cas où le paiement était fait par le dé-

(1) Inst. Just., III, 29, pr.
(2) Dig. *De verb. signif.*, L. 176.
(3) Dig., *De solut.*, L. 53. — Inst. Just., II, 8, § 2.
(4) Dig., *De solut.*, L. 31.
(5) Inst. Just., II, 8, § 2.
(6) Dig., *De solut.*, L. 10, L. 12, L. 34, § 3.
(7) Cod. Just., *De usuris*, L. 19. — *Ibid.*, *De solut.*, L. 9.

(8) Gaii, *Comm.* III, § 168. — Dig., *De pign. act.*, L. 24, pr. — Dig., *De solut.*, L. 46, pr. — Nov. IV, C. 3.
(9) Dig., *De reb. cred.*, L. 21. — Cod. Just., *De except.*, L. 1.
(10) Dig., *De leg.* 1°, L. 37. — Dig., *Mandati*, L. 52.
(11) Dig., *De solut.*, L. 70. — Dig., *De eo quod cert. loc.*
(12) Dig., *De solut.*, L. 1 à 8.

biteur. — 2° Du cas où le paiement était fait par une personne intéressée au paiement (1).
— 3° Du cas où le paiement était fait par une personne sans intérêt au paiement (2).

§ 2. De la novation (3).

I. Généralités : — 1° Définition de la novation (4). — 2° Division de la novation au point de vue de la forme (5) : — a) Novation volontaire. — Elle pouvait être verbale, ou littérale. — b) Novation judiciaire. — 3° Division de la novation au point de vue des personnes entre lesquelles elle s'accomplissait : — a) Novation entre le débiteur et le créancier. — b) Novation par changement de créancier. — c) Novation par changement de débiteur : — *Expromissio, delegatio.* — d) Novation par changement de débiteur et de créancier. — 4° Division de la novation au point de vue de son étendue : — Novation spéciale. — Novation générale ou Aquilienne (6).

II. De la novation volontaire : — 1° Des éléments essentiels pour qu'il y ait novation : — a) Une obligation préexistante valable. — Il suffisait que cette obligation fût naturelle (7). — *Quid* si elle était conditionnelle (8)? — b) Une obligation nouvelle valable : — Il suffisait que cette obligation fût naturelle (9). — *Quid* si elle était conditionnelle (10)? — Quand pouvait-on dire, lorsque la novation avait eu lieu *inter easdem personas,* qu'il était intervenu une obligation nouvelle (11)? — c) L'intention de nover. — Réforme de Justinien (12). — d) Le contrat formé *verbis* ou *litteris* (13).—*Quid* s'il était intervenu un simple pacte? (constitut) — e) La capacité de nover (14).—2° Des effets de la novation : — a) L'obligation préexistante était éteinte avec tous ses accessoires (15). — Aurait-on pu transporter les accessoires à la nouvelle créance (16)? — b) Une nouvelle obligation naissait.

III. De la novation judiciaire : — 1° Cette novation se produisait après la *litis contestatio* et après la *sententia.* — 2° Des éléments essentiels pour qu'il y ait novation : — *Jure civili,* il fallait que le *judicium* fût *legitimum, in jus* et *in personam* (17). — *Jure prætorio,* ces conditions n'étaient point exigées (exceptions *rei in judicium deductæ,* et *rei judicatæ* (18). — 3° Des effets de la novation : — Les accessoires de la créance novée n'étaient pas éteints (19). — Cependant il en était autrement dans l'ancien droit à l'égard des autres débiteurs, lorsque l'obligation était corréale. — Abrogation de cette règle par Justinien (20).

§ 3. — De la remise civile de la dette.

I. Généralités : — 1° Définition de la remise de la dette. — 2° Quelles sont

(1) Voy. *infrà.* : Du bénéfice de cession d'action.
(2) Cod. Just., *De solut.,* L. 5.
(3) Inst. Just., III, 29, § 3.
(4) Dig., *De novat.,* L. 1, pr.
(5) *Ibid.,* L. 29.
(6) Inst. Just., III, 29, § 2.
(7) Dig., *De novat.,* L. 1, § 1, L. 2.
(8) *Ibid.,* L. 14, § 1.
(9) Gaii, *Comm.* III, §§ 176 à 179. — Dig., *De pactis,* L. 30, § 1.
(10) Gaii, *Comm.* III, § 179. — Dig., *De pactis,* L. 30, § 2.
(11) Gaii, *Comm.* III, §§ 177, 178. —

Inst. Just., III, 29, § 3.
(12) Cod. Just., *De novat.,* L. 8.
(13) Gaii, *Comm.* III, §§ 176, 129, 130.
(14) Dig., *De novat.,* L. 3, L. 10, L. 25, L. 34.
(15) *Ibid.,* L. 18, L. 29, L. 15.
(16) Dig., *Qui potior. in pign.,* L. 3, pr., L. 12, § 5.
(17) Gaii, *Comm.* III, §§ 180, 181.
(18) Gaii, *Comm.* IV, §§ 106, 107.
(19) Dig., *De solut.,* L. 29. — Dig., *De pign. et hyp.,* L. 13, § 4. — Dig., *De usuris,* L. 22. — Paul, *Sent.* II, 17, § 16.
(20) Cod. Just., *De fidejuss.,* L. 28.

les différentes causes pour lesquelles cette remise pouvait intervenir. — 3° *Jure civili*, le simple pacte ne suffisait pas pour éteindre la dette ; il fallait en principe avoir recours au procédé à l'aide duquel elle était née (*nihil tam naturale est quam eo genere quidquid dissolvere quo colligatum est*) (1). — *Jure pretorio*, le pacte de *non petendo* donnait naissance à une exception (2).

II. De la remise civile des obligations nées des contrats : — 1° De la remise accomplie *per œs et libram* (3) ; — Quelles sont les obligations qui pouvaient être éteintes de cette manière ? — Quelle était la forme à suivre ? — 2° De la remise accomplie *verbis* ou de l'acceptilation (4) : — *a*) Définition de l'acceptilation. — *b*) Des éléments essentiels à la validité de l'acceptilation : — L'obligation devait avoir été contractée *verbis*. — L'interrogation et la réponse. — Aucune modalité ne devait être ajoutée à la stipulation. — La capacité du créancier. — Pouvait-on faire une acceptilation partielle ? — Lorsque l'acceptilation était nulle pour vice de forme, le préteur ne lui donnait-il pas l'effet du pacte *de non petendo* ? — *c*) Pouvait-on faire ou recevoir acceptilation par le ministère d'un tiers ? — *d*) Des effets de l'acceptilation. — 3° De la remise accomplie *litteris* : — Quelles sont les obligations qui pouvaient être éteintes de cette manière ? — Quelle était la forme à suivre ? — 4° De la remise accomplie *solo consensu* : — *a*) Quelles sont les obligations qui pouvaient être éteintes de cette manière ? — *b*) Du cas où les parties voulaient dissoudre le contrat (5) : — Les choses étant encore entières. — Les choses n'étant plus entières. — *c*) Du cas où l'une des parties voulait seulement faire remise à l'autre de l'une des obligations nées du contrat (6).

III. De la remise civile des obligations nées d'une cause autre qu'un contrat : — 1° Le principe *nihil tam naturale est* n'avait plus ici d'application. — 2° Ordinairement, il fallait nover, puis procéder à l'acceptilation. — 3° Dans quelques cas cependant, le simple pacte suffisait pour éteindre l'obligation (7).

§ 4. — De la perte de la chose due (8).

1° Des éléments essentiels pour qu'il y ait libération : — *a*) Il fallait que la chose due ait péri ; — *b*) Que la dette fût d'un corps certain ; — *c*) Que la perte ne provînt pas de la faute du débiteur. — *Quid*, si elle provenait de son fait ? — *d*) Que le débiteur ne fût pas en demeure (*mora*). — Quand le débiteur était-il en demeure ? — Comment pouvait-il la purger ? — Règle spéciale au voleur. — *e*) Que le débiteur n'ait pas pris les cas fortuits pour son compte. — 2° Des effets de la perte de la chose due.

§ 5. — Du concours de deux causes lucratives (9).

1° En quoi consistait ce mode de libération. — 2° Quelques remarques.

§ 6. — De la *capitis deminutio.*

I. De la *capitis deminutio* du créancier : — 1° En principe, la créance n'était

(1) Dig., *De reg. jur.*, L. 35, L. 153.
(2) Inst. Just., IV, 13, § 3.
(3) Gaii, *Comm.* III, §§ 173 à 175.
(4) Gaii, *Comm.* III, §§ 169 à 172. — Inst. Just., III, 29, §§ 1, 2. — Dig., *De accept.*, L. 1, L. 3, L. 8 pr., L. 13, §§ 10, 12. — Dig., *De reg. jur.*, L. 77.
(5) Inst. Just., III, 29, § 4. — Dig.,

De rescind. vend., L. 2. — Dig., *De pactis*, L. 58.
(6) Dig., *De pactis*, L. 27, § 2.
(7) *Ibid.*, L. 17, § 1.
(8) Dig., *De verb. oblig.*, L. 83, § 5, L. 91, §§ 2, 3, 4, 5 ; L. 82, § 1. — Dig., *De usuris*, L. 32.
(9) Dig., *De oblig. et act.*, L. 17.

pas éteinte, mais elle passait à une autre personne. — 2° Dans quelques cas cependant la créance était éteinte (1).

II. De la *capitis deminutio* du débiteur : — 1° Système du droit civil : — En principe la créance était éteinte (2). — Exceptions (3). — Ce mode de libération était relatif (4). — 2° Système du droit prétorien : — Le préteur ne reconnaissait pas ce mode de libération. — Il accordait la *restitutio in integrum* au créancier (5).

§ 7. — De la mort.

1° En principe, les créances n'étaient éteintes ni par la mort du créancier, ni par celle du débiteur. — 2° Il en était autrement dans quelques cas exceptionnels (6).

§ 8. — Du laps de temps.

1° En principe, les créances ne s'éteignaient pas *lapsu temporis*. — 2° Il en était autrement dans quelques cas exceptionnels (7).

III.

Des modes d'extinction qui opéraient exceptionis ope.

1° Ces modes d'extinction étaient : le pacte de *non petendo*, le pacte de *constitut*, la *compensation*, la *præscriptio*, l'arrivée d'un terme *ad quem* ou d'une condition *ad quam,* la *restitutio in integrum*, enfin, la *confusion*, au moins d'après certains jurisconsultes. — 2° Les règles relatives à ces modes d'extinction se lient intimement à la théorie des actions (8). — Pourquoi?

TITRE CINQUIÈME.

DE LA TRANSLATION DES OBLIGATIONS.

(Dig., liv. XVIII, tit. 4.)

I.

De la translation des obligations titulo singulari.

§ 1. — De la cession des créances.

I. Généralités : — 1° Qu'est-ce qu'une cession de créance? — 2° Sens des mots cédant, cessionnaire, cédé. — 3° La vente, l'échange, la donation, le legs, etc., n'étaient que les *justæ causæ* de la cession. — 4° La cession était tantôt spontanée, tantôt

(1) Gaii, *Comm.* III, §§ 83, 114.
(2) Dig., *De cap. minut.*, L. 2, § 2.
(3) *Ibid.*, L. 2, § 3, L. 7, § 1.
(4) Dig., *De duob. reis*, L. 19.

(5) Voy. p. 94.
(6) Voy. *infra*, 17ᵉ division des actions.
(7) Voy. *infra*, 16ᵉ division des actions.
(8) Renvoi au liv. IV, *passim*.

imposée au créancier (*Beneficium cædendarum actionum*) (1). — 5° Les Romains n'admettaient pas que le cédant pût détacher la créance de sa personne pour la transmettre au cessionnaire. — 6° Ils avaient en conséquence recours à des procédés indirects : — Novation volontaire par changement de créancier (*delegatio*). — Mandat *in rem suam* (2).

    II. De la délégation : — 1° *Stricto sensu*, déléguer c'est fournir à son créancier un nouveau débiteur en son lieu et place (3). — *Lato sensu*, les Romains disaient qu'il y avait délégation, même lorsque le délégant n'était pas antérieurement le débiteur du délégataire.—Il pouvait se faire que le délégué ne fût pas le débiteur du délégant, auquel cas la délégation ne réalisait aucune cession de créance. — 2° Combien une délégation pouvait-elle contenir de novations ? — 3° De la forme de la délégation (4). — 4° Des effets de la délégation (5) :—Entre le délégué et le délégataire.—Entre le délégué et le délégant. — Entre le délégant et le délégataire. — Entre le délégataire et les créanciers du délégant. — Entre le délégataire et un deuxième délégataire.

    III. Du mandat *in rem suam* : — 1° Des effets du mandat en principe : — Entre le cédé et le cessionnaire. — Entre le cédé et le cédant. — Entre le cédant et le cessionnaire. — Entre le cessionnaire et les créanciers du cédant. — Entre le cessionnaire et un deuxième cessionnaire. — 2° Des effets du mandat en supposant que le cessionnaire ait fait *litis contestatio* avec le cédé (6) : — Il y avait alors novation judiciaire, et on retombait dans l'hypothèse de la délégation. — Il y avait cependant des différences ? — 3° Des effets du mandat, en supposant que le cessionnaire ait dénoncé au cédé l'existence de la cession (*certiorem facere*) (7) : — Sous le Bas-Empire, les effets étaient analogues à ceux qui se produisaient après les *litis contestatio*. — 4° On finit par admettre que le cessionnaire pourrait intenter l'action de la créance, mais utile, sans justifier d'aucun mandat (8).

    IV. Etait-il plus avantageux pour le cessionnaire de réaliser la cession à l'aide d'une délégation ou à l'aide d'un mandat?

§ 2. — De la cession d'une hérédité (9).

    1° Principe fondamental : L'héritier ne pouvait céder son titre ; la cession ne pouvait donc avoir pour objet que l'universalité qui y était attachée. — 2° Conséquences quant à l'actif et au passif héréditaires. — 3° Qu'arrivait-il lorsque l'héritier et le cessionnaire réalisaient la cession au moyen d'une *cessio in jure* (10)?

§ 5. — De la cession de droits litigieux.

    1° Qu'est-ce qu'un droit litigieux? — 2° Le dernier état du droit romain en

(1) Voy. *infra*, tit. 6e, *passim*.
(2) Gaii, *Comm.* II, §§ 38, 39.
(3) Dig., *De novat.*, L. 11.
(4) *Ibid.*, L. 17, L. 11, § 1. — Gaii, *Comm.* III, § 130.
(5) Dig., *De novat.*, L. 12, L. 13, L. 19. — Dig., *De except. dol. mal.*, L. 5, § 7, L. 7. — Dig., *Mand.*, L. 22, § 2, L. 45, § 7. — Dig., *De re judic.*, L. 33. — Inst. Just., III, 26, § 2. — Dig., *De jure dot.*,

L. 41, § 3.
(6) Dig., *De novat.*, L. 11, § 1. — Gaii, *Comm.* IV, § 86.
(7) Cod. Just., *Quæ res pign.*, L. 4.
(8) Dig., *De tut. act.*, L. 1, § 13. — Cod. Just., *De oblig. et act.*, L. 1, L. 2. — Cod. Just., *De act. vel her. vend.*, L. 7, L. 8.— Cod. Just., *De donat.*, L. 33.
(9) Dig., *De her. vend.*, L. 2, L. 21.
(10) Gaii, *Comm.* II, § 34 à 37.

cette matière a été formulé par Anasthase et Justinien (1). — 3° Le cédé avait le droit d'exercer le retrait. — 4° Il fallait que la cession ait eu lieu à titre onéreux. — Ce principe comportait plusieurs exceptions.

§ 4. — Du gage des créances (2).

1° Le gage pouvait être constitué par délégation avec contrat *de fiducie*. — 2° Il était habituellement constitué à l'aide d'un mandat. — 3° Des effets du gage entre le débiteur cédé et le créancier gagiste, — entre le créancier qui constituait le gage et le débiteur cédé, — entre le créancier qui constituait le gage et le créancier gagiste.

II.

De la translation des obligations per universitatem.

1° Les modes de translation *per universitatem* des droits réels s'appliquaient aux obligations. — 2° Il serait donc plus logique de n'étudier les modes d'acquisition *per universitatem* qu'après avoir fait la théorie des obligations.

TITRE SIXIÈME.

DE LA PLURALITÉ DES CRÉANCIERS OU DES DÉBITEURS.

(Inst. Just., liv. III, tit. 16, tit. 20.)

I.

Généralités.

1° L'obligation *plurium pro rata* formait le droit commun. — 2° Par exception, l'action était possible pour le tout activement ou passivement dans le cas des obligations accessoires, des obligations solidaires et des obligations indivisibles. — 3° Distinction des obligations en *corréales*, ou simplement *in solidum* : — L'intérêt principal que présentait cette division se référait aux effets de la *litis contestatio*. — Système qui s'attache à l'unité ou à la pluralité des liens. — Système qui s'attache au caractère libre ou rigoureux des actions.

---

(1) Cod. Just., *Mandati*, L. 22, L. 23, L. 24.
(2) Dig., *De pign. et hyp.*, L. 1, pr.,

L. 13, § 2. — Dig., *De pigner. act.*, L. 18, pr.

II.

Des obligations accessoires.

Section I. — Généralités.

1° Définition de l'*intercessio*. — 2° Elle pouvait être active ou passive. — Cette expression n'est cependant employée ordinairement que dans le sens passif. — 3° Il pouvait y avoir *intercessio* sans qu'il y ait obligation accessoire.

SECTION II. — De la créance accessoire.

I. Généralités : — 1° Dans quel but le créancier principal faisait-il intervenir une autre personne en qualité de créancier accessoire? — 2° Gaïus ne s'occupe que du cas d'*adstipulatio* (1). — 3° Pourquoi Justinien ne parle-t-il plus de cette institution?

II. De l'*adstipulatio* : — 1° Définition de l'*adstipulatio*. — 2° Des éléments essentiels à sa validité : — L'adstipulant ne pouvait accéder qu'à un contrat formé *verbis*. — Il devait contracter *verbis*. — Il ne pouvait stipuler autre chose ni plus que le stipulant principal. — 3° Des effets de l'*adstipulatio* : — a) Dans les relations de l'adstipulant et du débiteur :—L'adstipulant était un créancier corréal.—Conséquences. — b) Dans les relations du créancier principal et de l'adstipulant : — Celui-ci n'était qu'un mandataire. — Le créancier principal avait donc toujours contre lui l'action *mandati directa*. — Dans quel cas avait-il en outre l'action de la *Loi Aquilia*? — 4° Pourquoi le droit de l'adstipulant ne passait-il pas à ses héritiers et pourquoi un *alieni juris* ne pouvait-il être adstipulant que quand il avait personnellement la capacité de stipuler?

SECTION III. — De la dette accessoire.

§ 1. — Généralités.

I. Des diverses espèces d'*intercessiones* : — 1° *Adpromissio* (2) : — Il y avait trois espèces d'*adpromissiones* : la *sponsio*, la *fidepromissio*, la *fidejussio*. — A quoi les distinguait-on? — Comment les Romains sont-ils arrivés à établir cette division? — Pourquoi sous Justinien la *fidejussio* subsistait-elle seule? — Il n'y avait entre la *fidejussio* et la *fidepromissio* que quelques différences secondaires ; la *fidejussio* différait au contraire des deux autres institutions sous des rapports nombreux et importants. — 2° *Mandatum pecuniæ credendæ*. — 3° Pacte de constitut : — Nous supposons le constitut fait par un tiers sans intention de libérer le *reus* ; renvoi quant aux autres effets de ce pacte (3). — 4° *Expromissio*. — 5° Constitution d'un droit réel *accessoire pro alio*. — 5° Il n'y avait obligation accessoire que dans les trois premiers cas, aussi vont-ils seuls nous occuper. — 6° Toutes les fois qu'une personne pouvait être pour-

---

(1) Gaii, *Comm*. III, §§ 110 à 114, 117, 215, 216.
(2) Dig., *De verb. oblig.*, L. 5, § 2. —

Gaii, *Comm*. III, §§ 115 à 118, 127. — Inst. Just., III, 20, pr.
(3) Voy. *infra*, 5° div. des actions.

suivie en vertu d'une action dite *adjectitiæ qualitatis*, elle se trouvait dans une position analogue à celle d'un *intercessor* (1).

II. Du Snc. Velleien (2) : — 1° Ce Snc. est un débris de la tutelle des femmes. — 2° Il les déclarait incapables d'intercéder. — 3° Pourquoi ? — 4° Cas dans lesquels la femme pouvait exceptionnellement intercéder. — 5° La femme faisait valoir le Snc. à l'aide d'une exception.

§ 2. — De l'*adpromissio* (3).

I. Des éléments essentiels à la validité de l'*adpromissio* : — 1° L'adpromettant devait s'obliger par une stipulation (4). — 2° L'*adpromissio* devait se rattacher à une obligation principale : — Cette obligation devait-elle être valable (5) ? — Elle devait être verbale au cas de *sponsio* et de *fidepromissio* ; peu importait sa source au cas de *fidejussio*. — Elle pouvait n'être que naturelle (6). — L'*adpromissio* pouvait précéder, accompagner ou suivre l'obligation accessoire ; *quid* cependant au cas de *sponsio* (7) ? — 3° Le créancier devait annoncer à haute voix la chose due et le nombre des adpromettants (8). — Cette règle avait disparu sous Justinien. — 4° L'adpromission ne devait pas dépasser le taux fixé par la loi Cornelia (9). — Cette loi était abrogée sous Justinien. — 5° L'adpromettant ne devait pas s'obliger *in aliam obligationem* (10). — 6° Ni *in duriorem causam* (11).

II. De l'extinction de l'obligation des adpromettants : — 1° Nous ne devons nous occuper ici que des modes d'extinction qui opéraient *ipso jure*. — Renvoi quant aux modes d'extinction qui opéraient *exceptionis ope* (12). — 2° Des modes d'extinction qui se produisaient dans la personne du débiteur principal : — *a*) Lorsque le mode d'extinction était absolu, le *reus* et l'adpromettant étaient libérés : — Paiement. — Novation volontaire (13). — Novation judiciaire : L'obligation de l'adpromettant étant corréale, il était libéré par la *litis contestatio* (14). Abrogation de cette règle par Justinien (15). — Acceptilation. — Perte de la chose due : Si la perte avait lieu par la faute ou après la demeure du *reus*, le fidéjusseur restait tenu (16). — *b*) Lorsque le mode d'extinction n'était que relatif, l'adpromettant n'était pas libéré : — *Capitis deminutio*. — 3° Des modes d'extinction qui se produisaient dans la personne de l'adpromettant : — *a*) Lorsque le mode d'extinction était absolu, le *reus* et l'adpromettant étaient libérés. — Notamment la *litis contestatio* faite avec l'adpromettant libérait le *reus* ; abrogation de cette règle par Justinien (17). — La perte de la chose due arrivée

---

(1) Voy. *infra,* 12ᵉ div. des actions.
(2) Dig., *Ad Snc. Vell.*, *passim.*— Cod. Just., *Ad Snc. Vell.* — Nov. 134, cap. 8.
(3) Gaii, *Comm.* III, §§ 119 à 127. — Inst. Just., III, 20.
(4) Gaii, *Comm.* III, § 116. — Inst. Just., III, 20, §§ 7, 8.
(5) Dig., *Ad Snc. Maced.*, L. 18. — Dig., *De fidejuss.*, L. 6, § 2. — Dig., *De min.* XXV ann., L. 13.
(6) Gaii, *Comm.* III, § 119. — Inst. Just., III, 20, § 1.
(7) Inst. Just., III, 20, § 3.

(8) Gaii, *Comm.* III, § 123.
(9) *Ibid.*, §§ 124, 125.
(10) Dig., *De fidejuss.*, L. 8, § 8.
(11) Inst. Just., III, 20, § 5. — Dig., *De fidejuss.*, L. 8, §§ 7, 8, 9, L. 70, pr.
(12) Voy. *infra.*, des exceptions.
(13) Dig., *De fidejuss.*, L. 60.
(14) Paul, *Sent.* II, 17, § 16.
(15) Cod. Just., *De fidejuss.*, L. 28.
(16) Dig., *De verb. oblig.*, L. 91, §§ 4, 5. — Dig., *De fidejuss.*, L. 58, § 1.
(17) Cod. Just., *De fidejuss.*, L. 28.

par la faute ou après la demeure de l'adpromettant libérait le *reus* (1). — *b)* Lorsque le mode d'extinction n'était que relatif, l'adpromettant était seul libéré : — *Capitis deminutio.* — L'obligation des *sponsores* et des *fidepromissores* d'Italie s'éteignait par leur mort ou par l'expiration de deux années (Loi *Furia de sponsu*) (2).

III. Des effets de l'*adpromissio* dans les relations du créancier et des adpromettants : — 1° Du bénéfice de division : — En principe, le créancier pouvait à son choix intenter la *condictio* pour le tout, contre l'un des adpromettants. — Division propre aux *sponsores* et aux *fidepromissores* (Loi *Furia de sponsu*) (3). — Division propre aux *fidejussores* (Rescrit d'Adrien) (4). — 2° Du bénéfice de cession d'actions (5) : — En quoi consistait ce bénéfice ? — Qui l'avait introduit ? — Quelle était son utilité ? — Comment se faisait la cession ? — La cession devait être requise ; quand ? comment ? — Comment la cession était-elle possible, puisque le paiement avait éteint la créance ? — A quelles conditions le fidéjusseur pouvait-il l'exiger ? — Le fidéjusseur pouvait-il se refuser au paiement lorsque le créancier s'était mis par son fait dans l'impossibilité de céder ses actions ? — Le bénéfice de division était-il plus ou moins avantageux pour le fidéjusseur que le bénéfice de cession d'actions ? — Les *sponsores* et les *fidepromissores* pouvaient-ils invoquer ce dernier bénéfice ? — 3° Du bénéfice de discussion (6) : — En quoi consistait ce bénéfice. — Distinction de trois phases dans la législation romaine : ancien droit, droit classique (*fidejussor indemnitatis*), Novelles, — Quel était l'effet du bénéfice de discussion ? — L'adpromettant pouvait-il y renoncer d'avance ?

IV. Des effets de l'*adpromissio* dans les relations de l'adpromettant et du débiteur principal : — 1° Lorsque l'adpromettant avait désintéressé le créancier (7) : — *a)* Du cas où l'adpromettant ne s'était pas fait céder les actions du créancier. Action *depensi* propre au *sponsor.* — *b)* Du cas où il s'était fait céder les actions. — 2° Lorsque l'adpromettant n'avait pas encore désintéressé le créancier (8).

V. Des effets de l'*adpromissio* dans les relations des adpromettants entre eux : — 1° Du cas où l'adpromettant qui avait désintéressé le créancier ne s'était pas fait céder les actions (9) : — Règle propre aux *sponsores* et aux *fidepromissores* : action *pro socio* (Loi *Apuleia*). — Règle propre au *fidejussor* : pas d'action. — 2° Du cas où l'adpromettant qui avait désintéressé le créancier s'était fait céder les actions (10).

VI. Du *fidejussor fidejussoris* (11).

VII. Comparaison sous forme de résumé des *sponsores*, *fidepromissores* et *fidejussores.*

(1) Dig., *De verb. oblig.*, L. 49, pr. — Dig., *De usur.*, L. 32, § 5.
(2) Gaii, *Comm.* III, §§ 120, 121. — Inst. Just., III, 20, § 2.
(3) Gaii, *Comm.* III, § 121.
(4) Inst. Just., III, 20, § 4.
(5) Dig., *De fidejuss.*, L. 36, L. 17. — Dig., *Qui pot. in pign.*, L. 12, § 8. — Dig., *De solut.*, L. 76.
(6) Dig., *De verb. oblig.*, L. 116. — Dig.,
De fidejuss., L. 16, § 6. — Nov. 4. — Nov. 136.
(7) Gaii, *Comm.* III, § 127. — Inst. Just., III, 20, § 6. — Dig., *Mand.*, L. 40. — Cod. Just., *Neg. gest.*, L. 24.
(8) Cod. Just., *Mand.*, L. 10.
(9) Gaii, *Comm.* III, § 122. — Inst. Just., III, 20, § 4.
(10) Dig., *De fidejuss.*, L. 39.
(11) *Ibid.*, L. 8, § 12.

§ 5. — Du *mandatum pecuniæ credendæ*.

1° Le *mandator pecuniæ credendæ* était évidemment dans une position analogue à celle du fidéjusseur. — Notamment il avait le bénéfice de division en vertu du rescrit d'Adrien (1), le bénéfice de cession d'actions (2), le bénéfice de discussion (3). — 2° Néanmoins, il existait des différences nombreuses entre ces deux espèces d'*intercessores* (4) : — Le mandant s'obligeait par un contrat consensuel.— Le mandat devait en principe précéder l'obligation principale. — Comme le mandant avait provoqué le créancier à faire le contrat principal, il était en principe tenu, quoiqu'il ait ignoré l'incapacité du *reus*. — La loi Cornelia ne paraît pas s'être appliquée au mandat. — Le mandant pouvait être poursuivi par l'action *mandati contraria*, qui était de bonne foi. — L'obligation du mandant n'était pas corréale; conséquence quant à la *litis contestatio*. — Lorsque le mandant payait le créancier, le *reus* n'était libéré qu'*exceptionis ope*. — Le mandant pouvait obtenir la cession des actions après le paiement effectué par lui ou la *litis contestatio*. — Le mandant était libéré lorsque le créancier s'était mis par son fait dans l'impossibilité de lui céder ses actions.

§ 4. — Du pacte de constitut.

1° Le constituant *pro alio* était évidemment dans une position analogue à celle du fidéjusseur et du *mandator pecuniæ credendæ*. — Notamment il avait le bénéfice de cession d'actions. — Le bénéfice de division ne lui a été accordé que par Justinien (5). — *Quid* du bénéfice de discussion? (6). — 2° Néanmoins, il existait des différences nombreuses entre le constitut et la fidéjussion (7) : — Le constituant s'obligeait par un simple pacte. — Il ne pouvait s'obliger qu'après le *reus*. — La loi Cornelia ne paraît pas s'être appliquée au constitut. — Le constituant pouvait s'obliger *in aliam obligationem* — et *in duriorem causam*. — Le constituant pouvait être poursuivi par une action prétorienne appelée *de pecunia constituta*. — On avait fini par décider que l'obligation du constituant n'était pas corréale; conséquence quant à la *litis contestatio*. — Lorsque le constituant payait, le *reus* n'était libéré qu'*exceptionis ope*. — Le constituant pouvait obtenir la cession des actions après le paiement effectué par lui ou la *litis contestatio*. — Etait-il libéré lorsque le créancier s'était mis par son fait dans l'impossibilité de lui céder ses actions? — 3° Le constitut et le *mandatum pecuniæ credendæ* avaient plus d'analogie. — Des différences, que l'on peut facilement induire des notices précédentes, les séparaient cependant.

(1) Cod. Just., *De constit. pecun.*, L. 3. — Dig., *De fidejuss. tut.*, L. 7.
(2) Dig., *De fidejuss.*, L. 13.
(3) Nov. 4, cap. 1.
(4) Dig., *Mand.*, L. 32, L. 12, § 14; L. 27, § 5; L. 28. — Dig., *De solut.*, L. 95, §§ 10, 11; L. 76. — Dig., *De fidejuss.*, L. 13.—Dig.,*De min. XXV ann.*,

L. 13, pr. — Paul, Sent. II, 17, § 16.
(5) Dig., *De pec. const.*, L. 16, pr. — Cod. Just.. *De const. pec* , L. 3.
(6) Nov. 136, cap. 1.
(7) Dig., *De pec. const.*, L. 14, § 3; L. 1, § 5; L. 11, § 1; L. 5, pr.; L. 25, pr.; L. 19, pr.; L. 18, § 3.

III.

Des obligations solidaires.

§ 1. — Généralités.

1° Définition des obligations solidaires. — 2° La solidarité pouvait exister, soit activement, soit passivement. — 3° Les obligations solidaires étaient corréales ou simplement *in solidum*. — 4° Des expressions employées pour désigner les co-créanciers ou les codébiteurs solidaires.

§ 2. — De la source des obligations solidaires.

I. De la source des obligations corréales : — 1° Les obligations corréales pouvaient naître des contrats : — *a*) Contrats de droit strict : — Du contrat *verbis.*—Comment devaient être faites les interrogations ou les réponses (1)? — Les modadalités pouvaient être différentes (2). — Du contrat *litteris* (3). — Quel était l'effet du pacte de solidarité opposé au *mutuum* (4). — *b*) Des contrats de bonne foi : — Une convention expresse de solidarité était-elle ici nécessaire (5)? — Lorsque la solidarité avait été établie, l'obligation était-elle corréale ou simplement *in solidum* (6)? — 2° Les obligations corréales pouvaient naître comme des contrats : — Cas du legs (7). — Quid au cas de la *condictio furtiva* (8)? — 3° Les obligations corréales ne pouvaient naître ni des délits ni comme des délits.

II. De la source des obligations simplement *in solidum* : — 1° Ces obligations pouvaient-elles naître des contrats? — Oui, suivant nous, toutes les fois que le contrat était de bonne foi. — Cette espèce de solidarité pouvait-elle exister entre créanciers? — 2° Les obligations *in solidum* pouvaient naître comme d'un contrat : — Du cas où il y avait plusieurs tuteurs (9) — ou plusieurs gérants d'affaires. — 3° Les obligations *in solidum* pouvaient naître des délits ou comme des délits : — Au point de vue de la peine, chaque délinquant devait effectuer un paiement intégral (10).—L'obligation *in solidum* ordinaire ne se présentait donc que pour la partie *rei persecutoria* de la condamnation (11). — Exception relative à la loi Aquilia (12).

§ 5. — Des effets des obligations solidaires.

I. Hypothèse de la solidarité entre débiteurs : — 1° Des effets de la dette corréale dans les relations du créancier et des débiteurs : — *a*) Chaque débiteur pou-

---

(1) Inst. Just., III, 16, pr. — Dig., *De duob. reis*, L. 3, pr.; L. 4, L. 11, §§ 1, 2.
(2) Inst. Just., III, 16, § 2.
(3) Dig., *De pactis*, L. 9.
(4) Dig., *De reb. cred.*, L. 7. — Cod. Just., *Si cert. pet.*, L. 9.
(5) Dig., *De duob. reis*, L. 9. — Dig., *Loc. cond.*, L. 47.
(6) Dig., *De duob. reis*, L. 9, pr., § 1. Dig., *Depos.*, L. 1, § 43.
(7) Dig., *De leg.* 2°, L. 16. — Cod.

Just., *De verb. signif.*, L. 4; — Dig., *De leg.* 1°, L. 8, § 1.
(8) Cod. Just., *De cond. furt.*, L. 1.
(9) Dig., *De adm. et peric.*, L. 55, L. 45.
(10) Dig., *ibid.*, L. 55, § 1.
(11) Dig., *De eo per quem fact.*, L. 1, § 4. — Dig., *De dol. mal.*, L. 17. — Dig., *De his qui effud.*, L. 1, § 10, L. 2, L. 3.
(12) Dig., *Ad. Leg. Aquil.*, L. 11, § 2.

vait être poursuivi pour le tout. — Le débiteur poursuivi avait-il le bénéfice de division (1), le bénéfice de cession d'action (2), le bénéfice de discussion (3)? — *b*) *Quid* s'il se produisait un fait extinctif de l'obligation dans la personne de l'un des débiteurs seulement : — Nous ne devons nous occuper ici que des modes d'extinction qui opéraient *ipso jure*. — Lorsque le mode d'extinction était absolu, tous les débiteurs étaient libérés. — Paiement (4). — Novation volontaire. — *Litis contestatio* (5). — Acceptilation (6).—Perte de la chose due en distinguant, suivant qu'il y avait demeure ou faute de l'un des débiteurs (7). — Lorsque le mode d'extinction n'était que relatif, le débiteur dans la personne duquel il s'était produit était seul libéré : — *Capitis deminutio* (8), etc. — 2° Des effets de la dette corréale dans les relations des débiteurs entre eux : — *a*) Dans le cas où les débiteurs n'étaient pas *socii*, celui qui avait acquitté l'obligation n'avait aucun recours contre les autres — *b*) s'ils étaient *socii*, action *pro socio* (9). — 3° Des effets de la dette *in solidum* dans les relations du créancier et des débiteurs : — Mêmes questions qu'au cas de dette corréale (10). — 4° Des effets de la dette *in solidum* dans les relations des débiteurs entre eux : — Le débiteur qui avait acquitté l'obligation n'avait-il pas un principe de recours contre les autres débiteurs, même s'il n'était pas intervenu un contrat de société (11)?

II. Hypothèse de la solidarité entre créanciers : — 1° Des effets de la créance corréale dans les relations des créanciers et du débiteur (12). — 2° Des effets de la créance corréale dans les relations des créanciers entre eux. — Distinguer s'ils étaient ou non *socii* (13). — 3° Des effets de la créance *in solidum* dans les relations des créanciers et du débiteur. — 4° Des effets de la créance *in solidum* dans les relations des créanciers entre eux. — 5° Comparaison de l'*adjectus solutionis gratia*, de l'*adstipulator* et du *correus credendi*.

IV.

Des obligations indivisibles (14).

I. Généralités : — 1° Définition des obligations indivisibles. — L'indivisibilité tenait à la nature de la chose due. — 2° Quelles étaient les circonstances dans lesquelles il était intéressant de constater qu'une obligation était divisible ou indivisible :

(1) Nov. 99.
(2) Dig., *De evict.*, L. 65.
(3) Nov. 99.
(4) Inst. Just., III, 16, § 1.
(5) Cod. Just., *De fidej.*, L. 28.
(6) Dig., *De accept.*, L. 16.
(7) Dig., *De usuris*, L. 32, § 4. — Dig., *De duob. reis*, L. 18.
(8) Dig., *De duob. reis*, L. 19.
(9) Dig., *Ad Leg. Falcid.*, L. 62.
(10) Dig., *De tut. et rat.*, L. 1, §§ 11, 12. — Dig., *Loc. cond.*, L. 47. — Dig., *De adm. et per.*, L. 3, § 2; L. 42. — Dig., *Quod fals. tut.*, L. 7, § 3.

(11) Dig., *De tut. et rat.*, L. 1, § 13. — Cod. Just., *De in lit. dand. tut.*, L. 4.— Dig., *neg. gest.*, L. 30.
(12) Inst. Just., III, 20, § 1.—Dig., *De duob. reis*, L. 16. — Dig., *De nov.*, L. 31, § 1.— Dig., *De pactis*, L. 27, pr.— Dig., *De accept.*, L. 13, § 12.
(13) Dig., *Ad Leg. Falcid.*, L. 62.
(14) Dig., *De verb. oblig.*, L. 2, §§ 1 à 6; L. 3, L. 4, L. 54, pr., L. 72, L. 85, L. 117.— Dig., *fam. ercisc.*, L. 25, §§ 9 à 15, § 17. — Dig., *Ad Leg. Falcid.*, L. 1, § 9. — Dig., *De usu et hab.*, L. 19. — Dig., *De servit.*, L. 11.—Dig., *Commod.*, L. 3, § 3.

— Du cas où il n'y avait *ab initio* qu'un seul créancier et un seul débiteur. — Du cas où il y avait *ab initio* plusieurs créanciers ou plusieurs débiteurs. — Du cas où un esclave commun stipulait. — Du cas où le créancier mourait laissant plusieurs héritiers et du cas où le débiteur mourait laissant plusieurs héritiers. — 3° Où les rédacteurs du Code Napoléon ont-ils puisé leur théorie de l'indivisibilité? — 4° Des diverses espèces de divisibilité ou d'indivisibilité : — La divisibilité pouvait être matérielle ou intellectuelle. — L'indivisibilité pouvait exister *natura* ou *solutione*.

II. Quand une obligation était-elle divisible ou indivisible : — 1° Obligation de *dare* : — *a*) La propriété : — d'un corps certain ; — d'une quantité ; — de deux choses dues sous l'alternative. — *b*) L'usufruit. — *c*) L'usage. — *d*) L'habitation. — *e*) Les servitudes prédiales. — 2° Obligation de *facere*. — 3° Obligation de *non facere*.

III. Des effets de l'indivisibilité : — A. Examen de la question relativement aux obligations sanctionnées par des actions *stricti juris* : — 1° Indivisibilité *natura* : — *a*) Chaque créancier pouvait agir pour le tout et chaque débiteur pouvait être poursuivi pour le tout. — Le créancier n'obtenait cependant qu'une condamnation pour sa part; mais le débiteur subissait une condamnation intégrale, sauf son recours contre ses codébiteurs. — Quel était l'effet de la clause pénale ajoutée à une obligation indivisible? — *b*) Le paiement ne pouvait être effectué qu'intégralement. — 2° Indivisibilité *solutione* : — *a*) Chaque créancier ne pouvait agir que pour sa part et chaque débiteur ne pouvait être poursuivi que pour sa part. — *b*) Mais le paiement ne pouvait être effectué qu'intégralement. — B. Examen de la question relativement aux obligations sanctionnées par des actions *bonæ fidei* : — Les conséquences rigoureuses de l'indivisibilité étaient écartées, l'arbitre consultait l'équité.

IV. Comparaison de la solidarité et de l'indivisibilité.

LIVRE QUATRIÈME.

THÉORIE DES ACTIONS.

(Inst. de Just., livre IV, tit. 6 à 18.)

TITRE PREMIER.

GÉNÉRALITÉS.

1° N'est-il pas vrai que la théorie des actions s'applique à tous les droits précédemment étudiés; que seulement nous allons supposer maintenant ces droits contestés par quelqu'un ? — 2º En quoi est-il utile d'examiner les droits à ce nouveau point de vue ? — 3º Nous diviserons cette matière de la manière suivante : — Exposé élémentaire de la procédure civile romaine. — Des actions (*stricto sensu*). — Des exceptions, repliques, dupliques, etc. — Des prescriptions. — Des interdits. — Des restitutions en entier.

TITRE DEUXIÈME.

EXPOSÉ ÉLÉMENTAIRE DE LA PROCÉDURE CIVILE ROMAINE.

§ 1. — Généralités.

1º Distinction chronologique des trois phases de la procédure : — Système des actions de la loi ou du vieux droit civil (1). — Système formulaire, ou du droit prétorien (2). — Système des *Judicia extraordinaria*, ou du droit impérial (3). — 2º Il faut distinguer avec le plus grand soin ces trois systèmes ; mais c'est particulièrement au système formulaire qu'il faut s'attacher.

§ 2. — Système des actions de la loi.

I. Généralités : — 1º Il y avait cinq actions de la loi (4). — 2º Quel était le caractère de ce système : — Actes symboliques prescrits à peine de nullité (5). — Du reste, dans les trois premières actions, l'instance se divisait déjà en deux parties, l'une ayant lieu *in jure*, l'autre *in judicio* (6). — 3º D'où vient l'expression *legis actiones?* (7). — 4º Quelle est l'origine de ce système? — 5º Des magistrats et des juges (8).

II. Enumération des principaux actes de la procédure : — 1º *Vocatio in jus* (9). — 2º Accomplissement *in jure* des solennités de l'action. — 3º *Vadimonium.* — 4º *Litis contestatio* (10). — 5º *Comperendinatio* (11). — 6º *Causæ conjectio* ou *collatio* (12). — 7º *Sententia judicis.* — Elle n'était pas nécessairement pécuniaire (13).

III. De l'action *sacramenti* (14) : — 1º Qu'était-ce que le *sacramentum?* — Formalités accomplies *in jure* lorsque le demandeur alléguait un droit réel. — Lorsqu'il alléguait un droit personnel.

IV. De la *postulatio judicis.*

V. De la *condictio* (15) : — 1º *Certæ pecuniæ* (Loi *Silia*); — 2º *De omni re certa* (Loi *Calpurnia*).

(1) Dig., *De orig. jur.*, L. 2, § 6. — Gaii, *Comm.* IV, § 11.
(2) Gaii, *Comm.* IV, § 30.
(3) Cod. Just., *De prædan. jud.*, L. 2.
(4) Gaii, *Comm.* IV, § 12.
(5) *Ibid.*, § 11.
(6) *Ibid.*, § 15.
(7) *Ibid.*, § 11.
(8) Renvoi p. 4.
(9) Lex XII Tab. I.
(10) Festus, Vº. *Litis cont.*
(11) Gaii, *Comm.* IV, § 15.
(12) *Ibid.*, § 15.
(13) *Ibid.*, § 48.
(14) *Ibid.*, §§ 13 à 17. — Cicero, *pro murena* 12.
(15) Gaii, *Comm.* IV, §§ 18 à 20.

VI. De la *manus injectio* (1) : — 1° *Manus injectio judicati;* — 2° *Pro judicato;* — 3° *Pura*.

VII. — De la *pignoris capio* (2).

§ 5. — Système formulaire.

I. Généralités : — 1° Quel était le caractère du système formulaire : — La formule. — Abolition des rites symboliques. — 2° Quelle est l'origine du système formulaire? — 3° Des magistrats et des juges (3).

II. Enumération des principaux actes de la procédure : — A. Procédure *in jure* : — 1° *Vocatio in jus* (4). — 2° *Vadimonium* (5). — 3° *Actionis editio* (6). — 4° *Postulatio actionis* : — La *postulatio* avait pour résultat, soit une *confessio in jure* (7), soit un refus d'action (8), soit la délivrance de la formule. — 5° Composition de la formule : — a) Parties principales (9) : — *demonstratio* — *intentio*; elle pouvait être *certa* (soit *certæ pecuniæ*, soit de *omni re certa*), ou *incerta* — *adjudicatio* — *condemnatio*; elle se référait toujours à une somme d'argent (10); elle pouvait être *certa, incerta cum taxatione*, ou *incerta sine taxatione* (11). — Toute formule comprenait-elle nécessairement ces quatre parties? — b) Parties accessoires (*adjectiones*) (12). — Exceptions, répliques, prescriptions. — 6° *Litis contestatio* : — a) Définition de la *litis contestatio*. — b) Quels étaient ses effets : (13) — L'instance se trouvait désormais engagée contradictoirement. — Novation judiciaire. — Détermination des parties entre lesquelles l'instance devait avoir lieu. — Détermination du juge. — Détermination des éléments du litige. — Perpétuation des actions. — Transmissibilité des actions. — Détermination de l'époque à considérer pour apprécier la demande, sauf quelques distinctions. — Défense d'aliéner la chose litigieuse. — Le procès, appelé jusque-là *controversia*, prenait le nom de *lis*. — B. Procédure *in judicio* : — 1° Du cas où l'une des deux parties faisait défaut (14).—2° Du cas où les deux parties comparaissaient :— a) *Causæ collectio et peroratio*. — b) Administration des preuves. — c) *Sententia judicis* : — Règles générales. — Le juge statuait d'après les principes du droit civil (15); mais, d'un autre côté, il devait obéir aux règles tracées par le préteur dans la formule (*judicem formula includit*). — Devoirs du juge quant au *quantum* de la condamnation (16).

III. De l'exécution forcée des sentences :— 1° Exécution sur la personne (17).

(1) *Ibid.*, §§ 21 à 25.
(2) *Ibid.*, §§ 26 à 29.
(3) Renvoi p. 4.
(4) Dig., II, 4. — Gaii, *Comm.* IV, § 46. — Gaii, *Comm.* III, § 78.
(5) Gaii, *Comm.* IV, §§ 184 à 187.
(6) Dig., *De edendo*.
(7) Cod. Just., *De confess.*, L. 1.
(8) Dig., *De verb. oblig.*, L. 27, pr.
(9) Gaii, *Comm.* IV, §§ 39 à 44.
(10) *Ibid.*, § 48.
(11) *Ibid.*, §§ 49 à 52.
(12) *Ibid.*, § 126.

(13) Paul, *Sent.* V, 5, § 7. — Gaii, *Comm.* III. § 180. — Dig., *De judic.*, L. 17, L. 18.— Dig., *De duob. reis*, L. 2. — Dig., *De verb. signif.*, L. 12, pr. — Dig., *Comm. divid.*, L. 18. — Dig., *De fidejuss. tutor.*, L. 8.— Inst. Just., IV, 12. — Gaii, *Comm.* IV, § 117. — Dig., *De her. pet.*, L. 25, § 7.
(14) Paul, *Sent.* V, 5, § 7.
(15) Inst. Just., IV, 17, pr.
(16) Gaii, *Comm.* IV, §§ 49 à 52.
(17) Paul, *Sent.* V, 26, § 2.

— 2° Exécution sur les biens : — *Venditio bonorum* (1).—*Distractio bonorum* (2). — *Pignoris capio ex causa judicati* (3).

IV. De la peine des plaideurs téméraires (4).

V. Cas dans lesquels, sous le système formulaire, on suivait encore le système des actions de la loi : — 1° Procédure contentieuse : — *Damnum infectum — judicium centumvirale* (5). — 2° Procédure gracieuse : — *Cessio in jure* (6). — Affranchissement *vindicta*. — Adoption. — 3° Actions fictivement calquées sur une action de la loi (7) : — *a*) Action fictice de l'action *sacramenti :* — C'était l'action poursuivie *per sponsionem* (8). — *b*) Existait-il des actions fictices de la *postulatio judicis* où de la *manus injectio?* —*c*) Il n'existait aucune action fictice de la *condictio* (9). — *d*) Il existait des actions fictices de la *pignoris capio* (10).

VI. Cas dans lesquels, sous le système formulaire, on suivait déjà la procédure des *judicia extraordinaria :* — 1° Cas prévus par une loi spéciale (11). — 2° Cas dans lesquels la procédure n'était pas possible d'après la procédure formulaire (12). — 3° *Restitutiones in integrum* (13).

§ 4. — Système des *judicia extraordinaria*.

I. Généralités : — 1. Quel était le caractère de la procédure des *judicia extraordinaria?* — 2° Quelle est l'origine de ce système (14)? — 3° Des magistrats (15).

II. Enumération des principaux actes de la procédure : — 1° *Vocatio in jus :*—*Denuntiatio litis* (16)—*Rescripti editio* (17)—*Libellus* (18).—2° Des défauts (19). — 3° *Litis contestatio* (20). — 4° *Sententia* (21).

III. Des voies de recours contre les sentences judiciaires : — 1° De l'appel (22). — 2° Des voies de nullité (23). — 3° Des voies de rescision (24).

IV. De l'exécution forcée des sentences : — 1° Exécution sur la personne. — 2° Exécution sur les biens : — Désuétude de la *venditio* (25) — *Distractio* (26) — *Pignoris capio in causa judicati* (27).

V. De la peine des plaideurs téméraires (28) : — 1° Peines pécuniaires. — Religion du serment. — Note d'infamie.

(1) Gaii, *Comm.* III, §§ 77 et seq.
(2) Dig., *De curat. fur.*, L. 5, L. 9.
(3) Dig., *De re judic.*, L. 15.
(4) Gaii, *Comm.* IV, §§ 171 à 183.
(5) *Ibid.*, § 31.
(6) Gaii, *Comm.* II, § 24.
(7) Gaii, *Comm.* IV, § 10.
(8) *Ibid.*, §§ 93, 94, 165.
(9) *Ibid.*, § 33.
(10) *Ibid.*, § 32.
(11) Gaii, *Comm.* III, § 278.
(12) Inst. Just., I, 8, § 2. — Dig., *De extraord. cognit.*
(13) Dig., *De minor XXV ann.*, L. 13, § 1.
(14) Cod. Just., *De pedan. judic.*, L. 2.
(15) Renvoi p. 5.
(16) Cod. Théod., *De denunt.*
(17) Cod. Just., I, 19 à 22.
(18) Cod. Just., II, 1, 2. — Nov. 53, Nov. 112.
(19) Dig., *De judic.*, L. 68 et suiv.
(20) Cod. Just., *De lit. contest.*, L. 1.
(21) Inst. Just., IV, 6, § 32.
(22) Dig., *De appell. et relat.*
(23) Cod. Just., *Quand. prov. non est necess.*
(24) Cod. Just., *Si adv. rem jud. rest. post.*
(25) Inst. Just., III, 12, pr.
(26) Cod. Just., *De bon. auct. judic.*
(27) Cod. Just., *Si in caus. judic.*
(28) Inst. Just., IV, 16.

TITRE DEUXIÈME.

DES ACTIONS (STRICTO SENSU).

(Inst. Just., liv. IV, tit. 6 à 12.)

I.

Généralités.

1° Définition du mot *actio* : — A quel moment peut-on dire exactement qu'une action existe? — Sens du mot *actio* sous le système des actions de la loi, — sous le système formulaire (1), — sous le système des *judicia extraordinaria* (2). — 2° Nous allons parcourir successivement dix-huit divisions des actions. — A proprement parler cependant, les trois dernières divisions ne s'appliquent point aux actions.

II.

Actions civiles, actions honoraires.

1° L'action civile était celle qui émanait du *jus civile*; l'action honoraire était celle qui émanait des magistrats (3). — 2° Quand cette division a-t-elle pris naissance et quand a-t-elle disparu? — 3° Quels sont les intérêts pratiques qui s'attachaient à cette division (4)?

III.

Actions fictices, actions non fictices.

1° Le *criterium* de cette division se tirait de la circonstance que l'*intentio* de la formule contenait ou ne contenait pas une fiction (5). — 2° Pourquoi le préteur a-t-il imaginé les actions fictices (6)? — 3° Les actions fictices étaient les unes affir-

---

(1) Dig., *De oblig. et act.*, L. 51, L. 37.
(2) Inst. Just., IV, 6, pr.
(3) Dig., *De oblig. et act.*, L. 25, § 2.
— Inst. Just., IV, 6, § 3. — Dig., *De*
just. et jure, L. 7, § 1.
(4) Inst. Just., IV, 12, pr.
(5) Gaii, *Comm.* IV, §§ 34 à 38.
(6) Inst. Just., IV, 17, pr.

matives, les autres rescisoires. — 4° Quand cette division a-t-elle pris naissance et quand a-t-elle disparu? — 5° Quels sont les intérêts pratiques qui s'attachaient à cette division?

IV.

Actions in jus, actions in factum.

1° Le *criterium* de cette division se tirait de la circonstance que l'*intentio* de la formule posait au juge, au moins en la forme, une question de droit ou une question de fait (1). — 2° Pourquoi le préteur a-t-il imaginé les actions *in factum* (2)? — 3° Quand cette division a-t-elle pris naissance et quand a-t-elle disparu? — 4° Quels sont les intérêts pratiques qui s'attachaient à cette division (3)?

V.

Actions directes, actions utiles.

1° L'action directe était celle qui était donnée dans le cas spécial pour lequel elle avait été faite; l'action utile était celle qui était donnée par voie d'extension. — 2° Quand cette division a-t-elle pris naissance et quand a-t-elle disparu? — 3° Quels sont les intérêts pratiques qui s'attachaient à cette division (4)? — 4° Explication du § 16, Inst. *De Leg. Aquilia* (5).

VI.

Actions in rem, actions in personam.

SECTION I. — Généralités.

1° L'action était *in personam* lorsque le demandeur argumentait d'un droit de créance; elle était *in rem* dans tous les autres cas (6). — Que faut-il penser du *criterium* tiré de cette circonstance que l'*intentio* contenait ou ne contenait pas le nom du défendeur (7)? — Et du *criterium* tiré de la personne contre laquelle l'action pouvait être intentée (8)? — 2° Cette division des actions s'appliquait-elle même aux actions *in factum?* — 3° Expressions synonymes des mots action *in rem*, action in

---

(1) Gaii, *Comm.* IV, §§ 45 à 47.
(2) Inst. Just., IV, 17, pr.
(3) Gaii, *Comm.* IV, §§ 60, 106, 107. — Dig., *De oblig. et act.*, L. 9, L. 13. — Dig , *De obseq. par.*, L. 5.
(4) Dig., *Negot. gest.*, L. 47, § 1.
(5) Dig., *Ad Leg. Aquil.*, L. 9, § 3,

L. 53. — Dig., *De furtis*, L. 50, § 4, L. 51.
(6) Inst. Just., IV, 6, § 1. — Gaii, *Comm.* IV, §§ 2, 3.
(7) Gaii, *Comm.* IV, § 41.
(8) Dig., *De oblig. et act.*, L. 25, pr.

personam (1). — 4° Cette division n'a-t-elle pas toujours existé (2)? — 5° Quels sont les intérêts pratiques qui s'attachaient à cette division (3)?

SECTION II. — Des diverses actions *in rem* en particulier.

§ 1. — Des actions *in rem* civiles.

I. De la revendication : — 1° Définition de la revendication. — 2° Quel droit cette action garantissait-elle (4)? — 3° Qui pouvait revendiquer : — *a*) En principe, le demandeur devait être *dominus ex jure quiritium* au moment de la *litis contestatio.* — *Quid* s'il n'était devenu *dominus* qu'après la *litis contestatio* (5)? — *Quid* s'il avait cessé de l'être après la *litis contestatio* (6)? — *b*) Il fallait que le demandeur ne possédât pas : — Pourquoi le possesseur ne pouvait-il revendiquer (7)? — N'existe-t-il pas un cas dans lequel le possesseur aurait eu intérêt à revendiquer? — 4° Contre qui pouvait-on revendiquer : — *a*) Il fallait que le défendeur possédât la chose revendiquée : — La revendication était-elle possible contre le simple détenteur (8)? — A quel moment devait exister la possession (9)? En principe, au moment de la *litis contestatio. Quid* de celui qui avait cessé de posséder par dol avant la *litis contestatio* ou qui s'était offert au procès? *Quid* de celui qui, possédant au moment de la *litis contestatio*, avait cessé de posséder par cas fortuit, par sa faute ou par dol? *Quid* de celui qui, ne possédant pas au moment de la *litis contestatio*, devenait possesseur *inter moras litis.* — *b*) Il fallait que le défendeur niât en principe le droit de propriété du demandeur. — 5° A qui incombait le fardeau de la preuve dans la revendication (10)?—6° Quels étaient les fruits que le possesseur devait restituer (11) : — *a*) Fruits perçus avant la *litis contestatio* : — Du possesseur de mauvaise foi. — Du possesseur de bonne foi. — *b*) Fruits perçus après la *litis contestatio.* — 7° Quelle était la forme de la revendication : — *a*) Epoque des actions de la loi : — *Actio sacramenti* (12). — *b*) Epoque du système formulaire : — *Judicium centumvirale* (13).— Action *per sponsionem* (14). — Action *per formulam petitoriam* (15). — *c*) Epoque des *judicia extraordinaria.*

II. De l'action confessoire : — 1° Définition de l'action confessoire. — 2° Quel droit cette action garantissait-elle (16)? — 3° Qui pouvait intenter cette action : — *a*) Celui qui avait un droit de servitude : — Il fallait que la servitude fût établie; il ne suffisait pas d'en être créancier. — Il fallait que la servitude fût reconnue par le droit civil. — Peu importait du reste que le demandeur ait ou non la quasi-possession de la servitude (17). D'où vient cette différence entre l'action confessoire et la reven-

---

(1) *Ibid.*, L. 28, L. 25, pr. — Dig., *De jur. dot.*, L. 74.
(2) Gaii, *Comm.* IV, § 16.
(3) Inst. Just., IV, 11.
(4) Dig., *De reiv.*, L. 23, pr., L. 1.
(5) Dig., *De judic.*, L. 23.
(6) Dig., *Ad exhibend.*, L. 7, § 7.
(7) Dig., *Uti possid.*, L. 1, § 6.
(8) Dig., *De reiv.*, L. 9. — Cod. Just., *Ubi in rem.*, L. 2.
(9) Dig., *De reiv.*, L. 27, §§ 1, 3, L. 21,

L. 25, L. 15, § 3.
(10) Dig., *De prob.*, L. 2.
(11) Dig., *De usur. et fruct.*, L. 25, § 1. — Cod. Just., *De reiv.*, L. 22. — Dig., *De reiv.*, L. 62, § 1.
(12) Gaii, *Comm.* IV, § 16.
(13) *Ibid.*, § 95.
(14) *Ibid.*, § 93.
(15) *Ibid.*, § 92.
(16) Inst. Just., IV, 6, § 2.
(17) Dig., *Si ususfr. petat.*, L. 5, § 6.

dication? — *b*) Le créancier gagiste; l'emphytéote et le superficiaire d'un fonds dominant, avaient l'action confessoire utile (1). — 4° Contre qui l'action confessoire pouvait-elle être intentée : — Cette action était possible contre toute personne qui faisait obstacle au libre exercice de la servitude. — Conséquences du principe et comparaison avec la revendication. — 5° A qui incombait le fardeau de la preuve dans l'action confessoire : — Du cas où le demandeur n'avait pas la quasi-possession de la servitude. — Du cas où il avait cette quasi-possession. — 6° Quelle était la forme de l'action confessoire (3)?

III. De l'action négatoire : — 1° Définition de l'action négatoire. — 2° Quel droit l'action négatoire garantissait-elle (4) : — Cette action garantissait le droit de propriété lorsque le défendeur élevait des prétentions à une servitude. — Pourquoi le propriétaire ne pouvait-il revendiquer dans cette hypothèse? — Pourquoi ne pouvait-il intenter l'action confessoire (5)? — 3° Qui pouvait intenter l'action négatoire : — Le propriétaire dont la chose n'était pas grevée d'un droit de servitude à l'égard du défendeur. — Peu importait du reste qu'il ait ou non la possession libre de la chose (6). — 4° Contre qui l'action négatoire pouvait-elle être intentée? — 5° A qui incombait le fardeau de la preuve dans l'action négatoire : — Quant à la preuve du droit de propriété du demandeur, faut-il distinguer entre le cas où il n'avait pas et le cas où il avait la possession (7)?—Quant à la preuve de l'inexistence de la servitude, faut-il distinguer entre le cas où le demandeur avait ou n'avait pas la quasi-possession de la servitude? — Réfutation de la maxime : On ne peut prouver un fait négatif (8). — 6° Quelle était la forme de l'action négatoire (9)? — 7° Quelques remarques (10) : — Pourquoi dans les procès relatifs à la propriété n'y avait-il pas d'action négatoire? — Quel est le sens des mots : *Sane uno casu qui possidet nihilhominus actoris partes obtinet?* — N'est-il pas vrai que la *cessio in jure* imitait tantôt la revendication, tantôt l'action confessoire, tantôt l'action négatoire?

IV. De la pétition d'hérédité : — 1° Généralités : — Définition de la pétition d'hérédité. — La *querela de inofficioso testamento* n'est que la pétition d'hérédité donnée dans un cas spécial. — Du Snc. Jouventien (11). — 2° Quelles sont les différences qui existaient entre la pétition d'hérédité et la revendication (12)? — Quant au titre en vertu duquel le défendeur devait posséder. — Quant à la nature de la chose que le défendeur devait posséder. — Quant à l'objet du droit allégué par le demandeur. — Quant aux fruits. — Quant aux impenses faites par le possesseur. — Quant à la nécessité de l'insertion de l'exception de dol dans la formule. — Quant à la compé-

---

(1) Dig., *De servit.*, L. 16.
(2) Dig., *Si serv. vind.*, L. 4, § 5, L. 10, § 1. — Dig., *Si ususfr. petat.*, L. 5, § 6, L. 6.
(3) Gaii, *Comm.* IV, §§ 91 et suiv.
(4) Inst. Just., IV, 6, § 2.
(5) Dig., *Si ususfr. petat.*, L. 5, pr.
(6) *Ibid.*, L. 5, § 6.
(7) *Ibid.*, L. 5, pr.
(8) Dig., *Si serv. vind.*, L. 8, § 3.

(9) Gaii, *Comm.* IV, §§ 91 et suiv.
(10) Inst. Just., IV, 6, § 2 *in fine.*
(11) Dig., *De her. petit.*, L. 20, § 6.
(12) Dig., *De her. petit.*, L. 9 à L. 13.— L. 13, § 15. — L. 50, pr. — L. 20, § 3. — L. 38. — L. 25, § 17. — Inst. Just., IV, 6, § 28. — IV, 17, § 2. — Gaii, *Comm.* II, §§ 52 et suiv. — Cod. Just., *De petit. her.*, L. 12.

tence. — Quant à l'usucapion par le possesseur. — Quant aux ventes consenties par le possesseur de bonne foi.

§ 2. — Des actions *in rem* prétoriennes.

A. — Actions fictices.

I. De l'action publicienne fictice (1) : — 1° Définition de l'action publicienne. — La fiction consistait à supposer que l'usucapion s'était accomplie au profit du demandeur. — 2° Quels droits la publicienne garantissait-elle : — Propriété prétorienne (*in bonis*) (2). — Propriété civile ou prétorienne conférée par un *non dominus* à un possesseur de bonne foi (3). — La publicienne pouvait-elle être utile même au *dominus ex jure quiritium* (4). — 3° Qui pouvait intenter l'action publicienne : — L'action publicienne appartenait à celui qui avait été *in causa usucapiendi;* en conséquence, il fallait : — Que la chose fût susceptible d'être acquise par usucapion (5). — La bonne foi (6). — Le juste titre (7). — Avoir eu la possession (8). — Le préteur ne dispensait donc que du laps de temps (9). — 4° Contre qui l'action publicienne pouvait-elle être intentée : — *a)* En principe, la publicienne pouvait être intentée contre tout possesseur. — *b)* Pouvait-elle réussir contre le propriétaire (10) : — Du cas où le demandeur avait la chose *in bonis* : Exception *justi dominii*, réplique *rei venditæ*, ou *rei donatæ et traditæ...* — Du cas où le demandeur avait seulement été possesseur de bonne foi : Exception *justi dominii*, en principe, pas de réplique. — *c)* La publicienne pouvait-elle réussir contre le possesseur qui était lui-même *in causa usucapiendi* (11) : — Celle des deux parties qui avait la chose *in bonis* triomphait nécessairement. — Si le débat s'engageait entre deux parties qui n'avaient ni l'une ni l'autre la chose *in bonis*, il y avait controverse. — 5° Quelle était la forme de l'action publicienne (12)?

II. Des actions fictices de la qualité d'héritier : — 1° Actions fictices accordées au *bonorum possessor* (13).—2° Au *bonorum emptor* (*actio Serviana, actio Rutiliana*) (14) — 3° Au fidéicommissaire (15). — 4° A celui qui avait obtenu l'addiction pour le maintien des affranchissements (16). — 5o Dans tous les cas qui précèdent, le demandeur n'aurait-i lpas eu l'action publicienne (17), et, en conséquence, quelle pouvait être pour lui l'utilité des actions fictices de la qualité d'héritier?—6° De la *possessoria hereditatis petitio* (18).

(1) Inst. Just., IV, 6, § 4. — Gaii, *Comm.* IV, § 36.
(2) Gaii, *Comm.* II, §§ 40, 41. — Dig., *Damn. infect.*, L. 15, § 16. — F. V., § 47. — Dig., *Si serv. vind.*, L. 10. — Dig., *De nox. act.*, L. 26, § 6. — Gaii, *Comm.* III, § 80. — Dig., *Ad Snc. Trebell.*, L. 63. — Dig., *De fideic. libert.*, L. 4, § 21.
(3) Inst. Just., IV, 6, § 4.
(4) Dig., *De public. act.*, L. 1, § 1.
(5) *Ibid.*, L. 12, § 4.
(6) *Ibid.*, L. 7, § 11.
(7) *Ibid.*, L. 3, § 1, L. 4 à 7.
(8) *Ibid.*, L. 7, § 16.
(9) *Ibid.*, L. 12, § 7.
(10) *Ibid.*, L. 16, L. 17. — Dig., *De except. rei vend.*, L. 1. — Dig., *De reiv.*, L. 72. — Dig., *De except. dol. mal.*, L. 4, § 32.
(11) Dig., *De public. act.*, L. 9, § 4. — Dig., *De act. empt.*, L. 31, § 2.
(12) Gaii, *Comm.* IV, § 36.
(13) Gaii, *Comm.* IV, § 34.
(14) *Ibid.*, § 35.
(15) Gaii, *Comm.* III. § 253.
(16) Dig., *De fideic. libert.*, L. 4, § 21.
(17) Gaii, *Comm.* III, § 80.
(18) Renvoi au titre des *Interdits*.

III. Des actions fictices rescisoires : — 1° Ces actions étaient accordées par le préteur pour cause de minorité, d'erreur, de crainte, de dol, d'absence, de fraude (1). — 2° Dans tous les cas qui précèdent, le demandeur n'aurait-il pas eu l'action publicienne (2), et, en conséquence, quelle pouvait être pour lui l'utilité des actions fictices rescisoires ?

B. — Actions *in factum*.

I. De la publicienne *in factum* : — 1° Démonstration de l'existence de cette action (3). — 2° Elle sanctionnait tous les droits réels émanés *a vero domino* qui étaient reconnus par le droit prétorien seulement et qui n'étaient pas susceptibles d'être acquis par usucapion, et encore les droits réels émanés *a non domino*, que ces droits fussent reconnus par le droit civil ou le droit prétorien, lorsqu'ils n'étaient pas susceptibles d'être acquis par usucapion : — Servitudes émanées *a vero domino*, mais constituées seulement *jure pretorio* (4), — servitudes émanées *a non domino*. — *Ager vectigalis*, emphytéose, superficie, propriété provinciale, que ces droits fussent constitués *a vero domino* ou *a non domino* (5). — 3° Réfutation des systèmes qui prétendent expliquer comment la publicienne s'appliquait aux droits qui viennent d'être énumérés, sans admettre l'existence d'une publicienne *in factum*.

II. De l'action servienne et de l'action quasi-servienne ou hypothécaire (6) : — 1° Rappel des principes généraux relatifs aux droits réels accessoires (7). — 2° Définition de l'action hypothécaire.—3° Qui pouvait intenter cette action (8) ? — 4° Contre qui pouvait-elle être intentée : — En principe, l'action pouvait être intentée contre tout tiers détenteur (9). — Du cas où le détenteur n'avait aucune hypothèque (10). — Du cas où le détenteur avait une hypothèque postérieure à celle du demandeur (*jus offerendæ pecuniæ*) (11). — Du cas où le détenteur avait une hypothèque antérieure à celle du demandeur (12).—Du cas où le détenteur avait une hypothèque privilégiée (13). — 5° Quelle était la forme de l'action hypothécaire.

SECTION III. — Des diverses actions *in personam* en particulier.

§ 1. — Des actions *in personam* civiles.

I. Actions naissant des contrats ou comme des contrats : — 1° *Condictio* (14). — Pourquoi Justinien ne parle-t-il ici que de cette action ? — 2° Actions *commodati directa et contraria*. — 3° *Depositi directa et contraria*. — 4° *Pigneratitiæ directa et contraria*. — 5° *Fiduciæ directa et contraria*. — 6° *Præscriptis verbis*. — 7° *Ex vendito et ex empto*. — 8° *Ex locato et ex conducto*. — 9° *Pro socio*. — 10° *Mandati directa et contraria*. — 11° *Negotiorum gestorum directa et contraria*. — 12° *Tutelæ di-*

(1) Renvoi au titre des *Restitutions en entier*.
(2) Dig., *Quod. met. caus.*, L. 9, § 6.
(3) Dig., *De public. act.*, L. 7, § 7. — Dig., *De jurejur.*, L. 11, § 1.
(4) Dig., *De public. act.*, L. 11, § 1.
(5) Dig., *De public. act.*, L. 12, §§ 2, 3. — Dig., *Si ager vectig.*, L. 1.
(6) Inst. Just., IV, 6, § 7.
(7) Voy. p. 57.
(8) Dig., *De pignor. et hyp.*, L. 15, § 1.
(9) *Ibid.*, L. 16, § 3.
(10) *Ibid.*
(11) Dig., *Qui pot. in pign.*, L. 12, pr.; L. 11, § 4.
(12) *Ibid.*, L 12, pr.
(13) *Ibid.*, L. 5.
(14) Inst. Just., IV, 6, §§ 14, 15. — Renvoi à la division des actions en *judicia* et *arbitria*.

recta et contraria. — 13° *Familiæ erciscundæ.* — 14° *Communi dividundo.* — 15° *Finium regundorum.* — 16° *Rei uxoriæ.* — 17° *Ad exhibendum.*

II. Actions naissant des délits : — 1° Action *furti nec manifesti.* — 2° *Legis Aquiliæ.* — 3° *Injuriarum.*

§ 2. — Des actions *in personam* prétoriennes.

A. — Actions fictices.

1° Actions fictices de la qualité de citoyen romain (1). — 2° Actions fictices de la qualité d'héritier (2). — 3° Actions fictices rescisoires (3).

B. — Action *in factum.*

I. Actions naissant des pactes sanctionnés par le droit prétorien : — 1° Action *de pecunia constituta* (4). — 2° Actions *de peculio* et autres analogues (5). — 3° Action *de jure jurando* (6). — 4° Action qui sanctionnait le pacte de précaire.

II. Actions naissant des délits ou comme des délits sanctionnés par le droit prétorien : — 1° Action *furti manifesti.* — 2° *Vi bonorum raptorum.* — 3° Action contre le juge qui avait fait le procès sien. — 4° *De effusis et dejectis.* — 5° *De suspensis.* — 6° Action contre le maître d'un hôtel ou d'un navire. — 7° *Servi corrupti.* — 8° *Quod metus causa.* — 9° *De dolo.* — 10° Paulienne. — 11° Action contre celui qui avait corrompu l'*album.* — 12° Action contre celui qui avait amené *in jus* son ascendant ou son patron. — 13° Action contre celui qui avait arraché par violence la personne qui était conduite *in jus* (7), etc.

SECTION IV. — Des actions mixtes, dites *tam in rem quam in personam* (8).

I. Des actions *familiæ erciscundæ* et *communi dividundo* : — 1° Définition de ces actions. — 2° Quels étaient les différents buts qu'elles pouvaient atteindre (9) : — Opérer la sortie d'indivision. — Amener un prélèvement sur la masse commune. — Faire liquider les obligations nées *quasi ex contractu* pendant l'indivision. — 3° Comment l'arbitre faisait-il cesser l'indivision en cas de copropriété (10) : — Du partage. — De l'attribution de la totalité de la chose commune à l'un des communistes, sauf soulte. — De la mise aux enchères. — 4° Quels étaient les effets de la sortie d'indivision : — En droit romain, le partage était attributif; en droit français, il n'est que déclaratif (11). — De la garantie (12).—5° Comment l'arbitre faisait-il cesser l'indivision lorsque le droit indivis n'était pas la propriété (13) : — Usufruit. — Habitation.—

---

(1) Gaii, *Comm.* IV, § 37.
(2) *Ibid.*, §§ 34, 35.
(3) *Ibid.*, § 38.
(4) Inst. Just., IV, 6, §§ 8, 9. — Renvoi au titre des exceptions.
(5) Inst. Just., IV, 6, § 10. — Renvoi aux actions *adjectitiæ qualitatis.*
(6) Inst. Just., IV, 6, § 11. — Renvoi au titre des exceptions.
(7) Inst. Just., IV, 6, § 12.
(8) *Ibid.*, § 20.
(9) Inst. Just., IV, 17, §§ 4, 5. — III,

27, §§ 3, 4. — Gaii, *Comm.* II, §§ 219, 222.
(10) Inst. Just., IV, 17, § 4, 5, 7.—Cod. Just., *Comm. divid.*, L. 3.
(11) Dig., *Qui pot. in pign.*, L. 3, § 2.— Dig., *De usu et usufr. leg.*, L. 31.
(12) Cod. Just., *Comm. utr. judic. tam fam.*, L. 7.
(13) Dig., *De usufr.*, L. 13, § 3.—Dig., *Fam. ercisc.*, L. 14, § 1, L. 15, L. 16, L. 10, L. 4, pr. — Dig., *Comm. divid.*, L. 10, § 1, L. 7, pr., L. 19, § 4.

Usage. — Emphytéose. — Superficie. — Servitudes réelles. — Pourquoi n'y avait-il jamais lieu au partage quant aux créances ou aux dettes? — 6° De la forme des actions : — De l'*adjudicatio* (1). — Le *judicium* devait être *legitimum* à l'époque classique (2).

II. De l'action *finium regundorum* (3): — 1° Définition de cette action. — 2° Quelle est son origine? — 3° Des fonctions de l'arbitre : — Reconnaître les *fines*. — Prononcer une *adjudicatio* s'il y avait lieu. — Liquider les obligations qui pouvaient être nées *quàsi ex contractu*.

III. Pourquoi les trois actions qui viennent d'être étudiées étaient-elles dites mixtes *tam in rem quam in personam* (4) : — 1ʳᵉ Explication : Ces actions étaient à la fois personnelles et réelles (5). — 2ᵉ : Dans ces actions, le demandeur argumentait d'un droit réel et en même temps de droits personnels (6). — 3ᵉ : Dans ces actions, les deux parties jouaient le rôle de demandeur et de défendeur (7), et Justinien exprime l'idée qu'il existait des actions ayant ce caractère tant parmi les actions réelles que parmi les actions personnelles. — 4ᵉ : Ces actions étaient personnelles, quelquefois cependant elles mettaient l'arbitre à même de trancher incidemment une question de propriété (8). — 5ᵉ : Ces actions étaient personnelles, seulement Justinien les déclare mixtes *tam in rem quam in personam* au point de vue de l'*adjudicatio*, qui confère à l'arbitre le pouvoir de transférer la propriété et de créer un droit de créance en établissant la soulte (9).

VII.

Actions préjudicielles, actions non préjudicielles.

I. Généralités : — 1° L'action préjudicielle était celle qui avait pour but de faire constater un fait par le juge sans que celui-ci ait actuellement aucune conséquence à tirer de cette constatation (10). — 2° Division des actions préjudicielles. — 3° Ces actions étaient *in rem*. — Elles étaient en général prétoriennes (11).

II. Des actions préjudicielles relatives à l'état des personnes : — 1° Action préjudicielle relative à la qualité d'homme libre (*liberalis causa*) : — Distinction du cas où le prétendu esclave avait la possession d'état d'homme libre et du cas où il avait la possession d'état d'esclave. — Epoque des XII Tables (12). — Epoque des jurisconsultes classiques (13). — Epoque de Justinien (14). — 2° Actions préjudicielles

---

(1) Gaii, *Comm.* IV, § 42.
(2) F. V., § 47. — Dig., *Fam. ercisc.*, L. 44, § 1.
(3) Inst. Just., IV, 17, §§ 6, 7. — Dig., *Fin. regund.*
(4) Inst. Just., IV, 6, § 20.
(5) Cod. Just., *De petit. her.*, L. 7.
(6) Cod. Just., *De ann. except.*, L. 1, § 1.
(7) Dig., *De oblig. et act.*, L. 37, § 1. — Inst. Just., IV, 6, §§ 3, 31.

(8) Dig., *Fam. ercisc.*, L. 1, § 1. — Dig., *Fin. regund.*, L. 1.
(9) Inst. Just., IV, 6, § 20 *in fine*.
(10) Gaii, *Comm.* IV, § 44.
(11) Inst. Just., IV, 6, § 13.
(12) Gaii, *Comm.* IV, § 14. — Dig., *De orig. jur.*, L. 2, § 24.
(13) Dig., *De liber. caus.*, passim.
(14) Cod. Just., *De adsert. toll.*, L. 1.

relatives à la qualité d'affranchi (1), de citoyen romain, de fils de famille (2), d'agnat ou de cognat (3), d'époux (4), enfin de *partu agnoscendo* (5).

III. Des actions préjudicielles relatives au droit de patrimoine : — 1° Action préjudicielle *quanta dos sit* (6). — 2° Action préjudicielle accordée aux *adpromissores* (7).

VIII.

Actions rei persequendæ, pœnæ persequendæ, mixtæ.

I. Généralités : — 1° Cette division des actions peut être envisagée à deux points de vue, suivant qu'on se place du côté du demandeur ou du défendeur. — 2° Les jurisconsultes romains n'ont pas dégagé nettement cette idée. — 3° La sous-division des actions pénales en unilatérales et bilatérales proposée par M. de Savigny pour réparer l'omission n'est pas satisfaisante.

II. Examen de cette division des actions en se plaçant du côté du demandeur : — 1° La division était tirée du résultat qu'avait l'action par rapport à l'état du patrimoine du demandeur (8). — 2° L'unique intérêt pratique de la division se rattache à la théorie du concours des actions : — Du concours de deux actions *rei persequendæ*. — D'une action *rei* et d'une action *pœnæ persequendæ*. — D'une action *rei persequendæ* et d'une action mixte. — De deux actions *pœnæ persequendæ*. — D'une action *pœnæ persequendæ* et d'une action mixte. — De deux actions mixtes.

III. Examen de cette division des actions, en se plaçant du côté du défendeur : — 1° La division serait tirée du résultat qu'avait l'action par rapport à l'état du patrimoine du défendeur. — 2° Démontrer qu'une action *rei persequendæ* ou mixte pour le demandeur pouvait être pénale pour le défendeur (9). — 3° On peut rattacher plusieurs intérêts pratiques à cette division ; mais il est peut-être plus exact de se demander simplement si le fait qui a donné naissance à l'action est licite ou illicite.

IX.

Actions au simple, au double, au triple, au quadruple.

1° Le *criterium* de cette division se tirait du rapport qui devait exister entre l'intérêt du demandeur tel qu'il résultait de l'*intentio*, et le chiffre de la condamnation

(1) Inst. Just., IV, 6, § 13.
(2) Dig., *De reiv.*, L. 1, § 2.
(3) Cod. Just., *De ordin. judic.*, L. 2.
(4) Dig., *De agnosc. et alend. lib.*, L. 3, § 4.
(5) Inst. Just., IV, 6, § 13.
(6) Gaii, *Comm.* IV, § 44.

(7) Gaii, *Comm.* III, § 123.
(8) Gaii, *Comm.* IV, §§ 6 à 9. — Inst. Just., IV, 6, §§ 16 à 19. — Dig., *De oblig. et act.*, L. 35, pr.
(9) Dig., *De dol. mal.*, L. 40. — Dig., *Ad Leg. Aquil.*

qui devait être prononcée par le juge (1). — 2° Des actions au simple. — 3° Des actions au double : — Actions qui étaient toujours au double. — Actions qui étaient au double seulement *adversus inficiantem* (2). — 4° Des actions au triple (3). — 5° Des actions au quadruple : — Actions qui étaient toujours au quadruple. — L'action *quod metus causa* n'était au quadruple qu'à défaut d'exécution de l'*arbitrium* (4).

X.

Judicia (actions rigoureuses), arbitria (actions libres).

I. Généralités : — 1° Dans les *judicia*, le *judex* devait statuer rigoureusement d'après les termes mêmes de la formule, dans les *arbitria* l'arbitre pouvait prendre en considération l'équité (5). — 2° Quelles étaient les actions qui figuraient dans l'une ou l'autre classe : — *a*) Actions civiles : — Les actions *in personam* nées d'un contrat ou comme d'un contrat étaient les unes des *judicia*, les autres des *arbitria*. — Les actions *in personam* nées d'un délit, et les actions *in rem* étaient des *judicia*. — *b*) Actions prétoriennes : — Les actions fictices devaient avoir la nature de l'action civile qu'elles imitaient. — Les actions *in factum* échappaient à proprement parler à notre division, la mission du juge se bornant à la vérification d'un fait. — 3° La division des actions en *stricti juris* et *bonæ fidei* était propre aux actions civiles nées d'un contrat ou comme d'un contrat. — Elle n'avait du reste d'intérêt que parce que les actions *stricti juris* étaient des *judicia*, tandis que les actions *bonæ fidei* étaient des *arbitria* (6).

II. Des actions *stricti juris :* — 1° Définition des actions *stricti juris*, — 2° Identité de l'action *stricti juris* et de la *condictio*. — 3° Origine de la *condictio* (7). — 4° Division des *condictiones* d'après leur source : — *a*) *Condictiones* qui naissaient des contrats ou des pactes légitimes : — *Mutuum* (8). — Contrats formés *verbis* (9). — Contrats formés *litteris* (10). — Dot et donation (*condictio ex lege*) (11). — *b*) Des *condictiones* qui naissaient *quasi ex contractu* : — Legs *per damnationem* (12). — Enrichissement sans cause du patrimoine du défendeur aux dépens du patrimoine du demandeur (13) (*Condictiones sine causa, indebiti, ob turpem causam, causa data causa non secuta*). — Cas dans lesquels le demandeur, en traitant avec un

(1) Inst. Just., IV, 6, §§ 21 à 27.
(2) *Ibid.*, § 26.
(3) Gaii, *Comm.* III, § 191.
(4) Inst. Just., IV, 6, § 27.
(5) Cicero, *Pro Rosc. com.*, 5. — Seneca, *De benef.*, III, 7.
(6) Inst. Just., IV, 6, §§ 28 à 30.
(7) Gaii, *Comm.* IV, §§ 18, 19. — Inst.

Just., IV, 6, § 15.
(8) Inst. Just., III, 14, pr.
(9) *Ibid.*, III, 15, pr.
(10) *Ibid.*, III, 21, pr.
(11) Dig., *De cond. ex leg.*
(12) Gaii, *Comm.* II, § 204.
(13) Dig., XII, 4, 5, 6, 7. — Gaii, *Comm.* II, § 79.

tiers, avait suivi la foi du défendeur (1). — Vol (*condictio furtiva*) (2) : Faut-il considérer la *condictio furtiva* comme naissant *quasi ex contractu?* Comment peut-on expliquer que la victime du vol ait eu la *condictio*, puisqu'elle était restée propriétaire? — 5° Division des *condictiones* d'après leur objet : — a) *Condictiones certæ pecuniæ, de omni re certa, incerti :* — A quel *criterium* distinguait-on ces trois espèces de *condictiones* (3)? — Quels étaient les intérêts pratiques qui s'attachaient à cette division (4)? — b) *Condictio certi, condictio incerti* (5). — c) *Condictio certi, condictio triticaria* (6). — d) *Condictio,* action *ex stipulatu* ou *ex testamento,* etc. (7).

III. Des actions *bonæ fidei :* — 1° Définition des actions *bonæ fidei.* — 2° Énumération faite par Cicéron (8). — 3° Énumération faite par Gaius (9). — 4° Enumération faite par Justinien (10). — a) Actions *commodati, depositi, pigneratitiæ.* — b) Actions *venditi et empti, locati et conducti, pro socio, mandati.* — c) Actions *negotiorum gestorum, tutelæ, familiæ erciscundæ, communi dividundo.* — d) Action *prescriptis verbis* — Quelle est l'origine de cette action? — Elle était *in factum* au point de vue de la *demonstratio* seulement. — Dans quels cas était-elle donnée? — N'était-elle de bonne foi que quand elle sanctionnait l'échange ou le contrat estimatoire? — e) Pétition d'hérédité : — Comment peut-on expliquer que la pétition d'hérédité, action *in rem,* ait été rangée par Justinien au nombre des actions de bonne foi (11)? — f) Action *rei uxoriæ* (12) — 5° Comment était rédigée la formule de l'action *bonæ fidei* (13)?

IV. Quels étaient les intérêts pratiques qui s'attachaient à la division des actions en *stricti juris* et *bonæ fidei :* — La division des actions en *stricti juris* et *bonæ fidei* était intéressante au point de vue des théories suivantes : — 1° Théorie de l'exception de dol et de la *cautio de dolo* (14). — 2° Théorie des fautes (15). — 3° Théorie de la solidarité (16). — 4° Théorie de l'indivisibilité (17). — 5° Théorie des clauses d'usage (18).—6° Théorie de l'estimation du litige (19) :—Epoque à considérer pour cette estimation. — Valeur vénale, valeur d'affection. — *Jusjurandum in litem.* — 7° Théorie des intérêts (20) : — Il ne peut être ici question que des intérêts moratoires. — 8° Théorie des fruits (21) :—Du cas où l'action tendait à faire restituer au demandeur une chose dont il était ou dont il avait été propriétaire. — Du cas où

(1) Inst. Just., IV, 7, § 8.
(2) Dig., *De cond. furtiv.,* L. 1, L. 20. — Dig., *De act. rer. amot.,* L. 21, § 5. — Inst. Just., IV, 6, § 14.
(3) Dig., *De verb. oblig.,* L. 75.
(4) Gaii, *Comm.* IV, §§ 19, 54, 171, 131.
(5) Dig., *De cond. furtiv.,* L. 12, § 2.
(6) Dig., *De cond. tritic.*
(7) Inst. Just., III, 15, pr.
(8) Cicero, *De off.,* III, 15, 17.
(9) Gaii, *Comm.* IV, § 62.
(10) Inst. Just., IV, 6, §§ 28 et 29.
(11) Dig., *De her. petit.,* L. 38, L. 39, § 1.
(12) Renvoi au Liv. V, De la dot.
(13) Gaii, *Comm.* IV, § 47.
(14) Dig., *De dol. mal.,* L. 7, § 3. — Dig., *De leg.,* 1°, L. 84, § 5.
(15) Voy. p. 116.
(16) Voy. p. 127.
(17) Voy. p. 134.
(18) Dig., *De ædil. edict.,* L. 31, § 20.
(19) Dig., *Commod.* L. 3, § 2. — Dig., *Ad. Leg. Aquil.,* L. 33, pr. — Dig., *Mand.,* L. 54. — Dig., *De in lit. jur.,* L. 5, L. 6.
(20) Dig., *De usur.,* L. 32, §§ 2, 4, L. 35. — Cod. Just., *De cond. ind.,* L. 1.
(21) Dig., *De usur.,* L. 38, §§ 2, 7, 10, L. 34.

l'action tendait à faire obtenir au demandeur une chose dont il n'avait jamais été propriétaire. — 9° Théorie de la compensation (1). — 10° Théorie des *pacta adjecta* (2).

XI.

Actions arbitraires, actions non arbitraires.

I. Généralités : — 1° Dans les actions arbitraires, l'arbitre avant de passer à la condamnation du défendeur, rendait un *jussus* ou *arbitrium* (3). — 2° Comment était rédigée la formule des actions arbitraires (4). — 3° Quelle est l'origine de ces actions. — 4° Existait-il encore, à proprement parler, des actions arbitraires sous Justinien (5). — 5° De la maxime : *omnia judicia sunt absolutoria* (6).

II. De l'office de l'arbitre dans les actions arbitraires : — A. Hypothèse de la vérification de l'*intentio* contre le demandeur (7). — B. Hypothèse de la vérification de l'*intentio* au profit du demandeur : — 1° De la *pronuntiatio :* — Quel était le caractère de la *pronuntiatio* (8). — Au point de vue de la *pronuntiatio*, l'arbitre statuait librement ou strictement, suivant que l'action était libre ou rigoureuse (9). — 2° De l'*arbitrium* ou *jussus :* — a) Que contenait l'*arbitrium* (10).—b) Quels étaient les effets de l'*arbitrium :* — Théorie d'après laquelle l'exécution de l'*arbitrium* était facultative pour le défendeur (11) :—Théorie d'après laquelle l'exécution de l'*arbitrium* aurait fini par avoir lieu *manu militari*, toutes les fois qu'il ne s'agissait d'accomplir qu'une *res facti* (12).—c) Au point de vue de l'*arbitrium*, l'arbitre statuait toujours *ex æquo et bono* (13). — 3° De la *sententia :* — a) Des différents résultats que pouvait avoir la *sententia :* — Du cas où l'*arbitrium* avait été exécuté (14).— Du cas où le défendeur se déclarait prêt à exécuter l'*arbitrium*, mais réclamait un délai (15). — Du cas où l'exécution forcée de l'*arbitrium* étant possible, le demandeur n'exigeait pas son exécution (16).—Du cas où l'exécution forcée de l'*arbitrium* était impossible (17). — b) Au point de vue de la *sententia*, l'arbitre statuait librement ou strictement, suivant que l'action était par elle-même libre ou rigoureuse (18).

III. Quel est le principe à l'aide duquel on peut reconnaître si une action était ou n'était pas arbitraire : — 1° Système qui oppose les actions arbitraires d'une

(1) Inst. Just., IV, 6, § 30. — Renvoi au titre *des exceptions*.
(2) Renvoi au même titre.
(3) Inst. Just., IV, 6, § 31. — Dig., *De pign. et hyp.*, L. 16, § 2.
(4) Cicero, *Verr.*, II, 12.
(5) Inst. Just., IV, 6, § 32. — Basil., *supplem.*, Schol. 50.
(6) Inst. Just., IV, 12, § 2. — Gaii, *Comm.* IV, § 114. — Dig., *De verb. oblig.*, L. 84.
(7) Inst. Just., IV, 17, § 2.
(8) Basil., *supplem.*, Schol. 58. — Dig.,
De confess., L. 6, § 2.
(9) Dig., *De except. rei vend.*, L. 1, § 2.
(10) Dig., *De reiv.*, L. 20.
(11) Gaii, *Comm.* IV. § 163.
(12) Dig., *De reiv.*, L. 68.
(13) Inst. Just., IV, 6, § 31.
(14) *Ibid.*
(15) Inst. Just., IV, 17, § 2.
(16) Dig., *De reiv.*, L. 46.
(17) *Ibid.*, L. 68, L. 69, L. 7, L. 21, L. 46.
(18) Instit. Just. II, 1, § 30.

part, aux actions *stricti juris* et *bonæ fidei* d'une autre part. — 2° Système qui considère l'action comme arbitraire par cela seul qu'elle conduit à une restitution ou à une exhibition. — 3° Système qui ne considère comme arbitraires que les actions spécialement déclarées telles par un texte : — *a*) Toute action *in rem* était arbitraire (1). — *b*) Parmi les actions *in personam*, sont déclarées arbitraires par les textes : — Les actions *quod metus causa* et *de dolo* (2). — L'action *de eo quod certo loco* (3). — L'action *ad exhibendum* (4). — L'action Paulienne (5). — L'action Favienne (6) — L'action *finium regundorum* (7). — Les actions résultant de certains interdits (8). — Les actions noxales étaient elles par elles-mêmes arbitraires (9)? — *Quid* des actions *commodati* et *depositi directæ* (10)?

XII.

Actions solidi persecutoriæ, actions non solidi persecutoriæ.

I. Généralités : — Le *criterium* de cette division se tirait de la circonstance que le demandeur obtenait tantôt une condamnation égale au *quantum* de son droit, et tantôt une condamnation inférieure (11).

II. De la *plus-petitio* (12) : — 1° Epoque des actions de la loi. — 2° Epoque du système formulaire : — *a*) De la plus-pétition qui se trouvait dans l'*intentio* de la formule : — Quel était l'effet de la plus-pétition (*causa cadebat*). — La plus-pétition n'était possible que quand l'*intentio* était *certa*. — Comment peut-on expliquer l'effet que produisait la plus-pétition. — Le préteur n'accordait-il pas quelquefois la *restitutio in integrum* au demandeur? — La plus-pétition pouvait se produire : *re, tempore* (13), *loco* (de l'action *de eo quod certo loco* (14), *causa*. — De plusieurs cas dans lesquels il n'y avait pas plus-pétition. — *b*) De la plus-pétition qui se trouvait dans la *condemnatio* de la formule. — *c*) De la plus-pétition qui se trouvait dans la *demonstratio* de la formule. — 3° Epoque des *judicia extraordinaria*.

III. De la *minus petitio* (15) : — 1° Epoque des actions de la loi. — 2° Epoque du système formulaire. — La *minus petitio* pouvait se trouver dans la *demonstratio*, dans l'*intentio*, dans la *condemnatio* de la formule. — 3° Epoque des *judicia extraordinaria*.

IV. De l'action *de peculio* (16).

(1) Instit. Just., IV, 6, § 31.
(2) Inst. Just., IV, 6, § 31.
(3) *Ibid.*
(4) *Ibid.*, IV, 17, § 3.
(5) Dig., *Quæ in fraud. créd.*, L. 10, §§ 19, 20.
(6) Dig., *Si quid. in fraud. patron.*, L. 5, § 1.
(7) Dig., *Fin. regund.*, L. 4, § 3.
(8) Gaii, *Comm.* IV, §§ 164, 165.

(9) Instit. Just., IV, 6, § 31.
(10) Gaii, *Comm.* IV, § 47.
(11) Inst. Just., IV, 6, §§ 33 à 40.
(12) Gaii, *Comm.* IV, §§ 53 à 60. — Inst. Just., IV, 6, §§ 33 à 35.
(13) Dig., *De ædil. edict.* L. 43, § 9.
(14) Dig., *De eo quod. cert. loc.*
(15) Gaii, *Comm.* IV, §§ 56 à 60. — Inst. Just., IV, 6, § 34.
(16) Inst. Just., IV, 6, § 36.

V. Du bénéfice de compétence (1) : — 1° Définition du bénéfice de compétence. — 2° Quelles personnes avaient ce bénéfice : — Le mari et la femme. — L'ascendant et le patron. — L'associé (2). — Le donateur (3). — Le débiteur qui avait fait cession de biens (4). — 3° Quels étaient les effets de ce bénéfice : — Condamnation du défendeur, dans les limites du *id quod facere potest*. — Quels sont les avantages qui en résultaient pour lui ? — Le donateur avait deux avantages spéciaux (5). — Justinien ne les a-t-il pas étendus à tous ceux qui jouissaient du bénéfice de compétence (6)?

VI. Des rétentions opérées par le mari sur la dot (7).

VII. De la compensation (8).

XIII.

Actions directes, actions adjectitiæ qualitatis.

§ 1. — Généralités.

1° L'action était *directa* ou *adjectitiæ qualitatis*, suivant qu'elle était intentée contre une personne à raison d'un fait obligatoire accompli par elle-même, ou par son *alieni juris* (9). — 2° Pourquoi les commentateurs désignent-ils sous le nom d'actions *adjectitiæ qualitatis* les actions de la seconde classe ?

§ 2. — Du cas où l'obligation de l'*alieni juris* était née d'un contrat ou comme d'un contrat.

I. Du cas où l'obligation avait été contractée par un esclave (10) : — 1° De l'action *quod jussu* (11).—2° De l'action *exercitoria* (12).—3° De l'action *institoria* (13). — Sous quels rapports l'action exercitoire et l'action institoire se ressemblaient-elles et différaient-elles (14)? — 4° De l'action *tributoria* (15). — 5° De l'action *de peculio* et *de in rem verso* (16) : — a) Dans quels cas cette action pouvait-elle être intentée (17)? — b) Existait-il deux actions distinctes, l'une *de peculio*, l'autre *de in rem verso* (18)? — c) Comment se faisait le calcul du pécule (19) : — Le préteur considérait, au point de vue du calcul du pécule, le maître et l'esclave comme créanciers ou débiteurs l'un

(1) *Ibid.*, §§ 37, 38, 40. — Dig., *De re judic.*, L. 16 à 25.
(2) Dig., *De re judic.*, L. 16. — Dig., *Pro socio*, L. 63, pr.
(3) Dig., *De rejudic.*, L. 30, L. 41, § 1.
(4) Gaii, *Comm.* III, § 78.
(5) Dig., *De re judic.*, L. 19, § 1.
(6) Dig., *De reg. jur.*, L. 173.
(7) Inst. Just., IV, 6, § 37. — Renvoi au titre de la Dot.
(8) Inst. Just., IV, 6, § 39. — Renvoi au titre des Exceptions.
(9) Inst. Just., IV, 7, 8, 9.
(10) Inst. Just., IV, 7, pr.
(11) *Ibid.*, § 1. — Dig., *Quod jussu.*

(12) *Ibid.*, § 2.
(13) *Ibid.*, § 2.
(14) Dig., *De exercit. act.*, L. 4, § 4, L. 1, § 25, L. 2, L. 3, L. 1, §§ 19 à 22, L. 1, §§ 5, 6. — Dig., *De inst. act.*, L. 15, L. 13, § 2.
(15) Inst. Just., IV, 7, § 3.—Dig., *De tribut. act.*, L. 5, §§ 11 à 19, L. 7, §§ 2, 5.
(16) Inst. Just., IV, 7, § 4.
(17) Dig., *De pecul.*, L. 5, § 4, L. 29, § 1. — Dig., *De in rem. vers.*, L. 3, § 2.
(18) Dig., *De in rem vers.*, L. 19, L. 1, § 1.
(19) Dig., *De pecul.*, L. 9, § 2.

de l'autre. — On ne devait déduire de l'actif brut que les créances du maître. — *d)* Du pécule du vicaire (1) : — Trois principes dominaient cette matière : Le pécule de l'ordinaire était réputé contenir le vicaire et son pécule. Le pécule de l'ordinaire ne faisait pas partie du pécule du vicaire. L'ordinaire était réputé le maître du vicaire. — Du cas où le maître était poursuivi *de peculio ordinarii.* — Du cas où il était poursuivi *de peculio vicarii.* — 6° Du concours des actions qui pouvaient exister contre le maître : — *a)* Du concours des actions prétoriennes entre elles (2). — *b)* Du concours des actions *quod jussu, exercitoria, institoria* et *de in rem verso,* avec la *condictio* (3) : — Comment expliquer l'introduction des actions prétoriennes, puisque le maître était tenu *jure civili?* — L'action civile donnée contre le maître n'était-elle pas toujours la *condictio* (4)?

II. Du cas où l'obligation avait été contractée par un fils de famille : — 1° En principe, il fallait appliquer les règles exposées relativement à l'esclave (5). — 2° Toutefois, il faut noter les différences suivantes :— Différence qui tenait à ce que le fils de famille pouvait avoir un pécule dont il était propriétaire (6).—Différence qui tenait à ce que le fils de famille pouvait s'obliger civilement (7). — Différence qui tenait à ce que le fils de famille pouvait personnellement jouer le rôle de défendeur dans un procès (8). — Différence quant à l'*intercessio* (9). — Différence qui résultait du Snc. Macédonien (10).

III. Du cas où l'obligation avait été contractée par une *extranea persona* : — 1° En principe, le créancier n'avait aucune action contre celui par l'ordre duquel ou pour le compte duquel l'obligation avait été contractée.—2° Le préteur finit par donner, dans certains cas, les actions *adjectitiæ qualitatis* (11).— 3° Bien mieux, le droit civil arma le créancier de la *condictio* (12).

§ 5. — Du cas où l'obligation de l'*alieni juris* était née d'un délit ou comme d'un délit.

I. Du cas où le délit avait été commis par un esclave.—1° Généralités :—Définition de l'action noxale (13).—D'où lui vient le nom qu'elle portait (14)?—Quel est le motif équitable des actions noxales (15)? —Quelle est la source de ces actions (16)?— 2° Contre qui pouvait être donnée l'action noxale (17) : — Principe fondamental : *Omnis noxalis actio caput sequitur.*—Applications de détail. — 3° Quels sont les différents résultats que pouvait avoir une action noxale (18) : — *a)* Du cas où le défen-

(1) Inst. Just., IV, 7, § 4 *in fine.* — Dig., *De pecul.,* L. 17.

(2) Inst. Just., IV, 7, § 5.

(3) Inst. Just., IV, 7, § 8.

(4) Dig., *De reb. cred.,* L. 1. — Dig., *Pro socio,* L. 84.

(5) Inst. Just., IV, 7, § 6.

(6) Inst. Just. II, 9, § 1.

(7) Dig., *Pro socio,* L. 58, §§ 2, 3.

(8) Dig. *De pecul.,* L. 3, §§ 8, 10, 11.

(9) *Ibid.,* L. 3, §§ 5, 6, 9.

(10) Inst. Just., IV, 7, § 7.—Dig., *Ad snc. maced.*

(11) Inst. Just. IV, 7, § 2. — Dig., *De*

inst. act., L. 7, § 1, L. 19, pr.

(12) Dig., *Pro socio,* L. 84.

(13) Inst. Just., IV, 8, pr.

(14) *Ibid.,* § 1.

(15) *Ibid.,* § 2.

(16) *Ibid.,* § 4.

(17) Inst. Just., IV, 8, §§ 5, 6.—Dig., *De nox. act.,* L. 11, L. 13, L. 22 pr., § 1. — Gaii., *Comm.* IV, §§ 77, 78.

(18) Inst. Just., IV, 8, § 3. — IV, 6, § 31. — IV, 17, § 1. — Dig., *De nox. act.,* L. 21, § 2, L. 28, L. 29, L. 11, L. 26, § 6.

deur comparaissait et niait *in jure* sa qualité de possesseur. — *b*) Du cas où le défendeur comparaissait et avouait *in jure* sa qualité de possesseur : — Le défendeur avouait que l'esclave avait commis le délit. — Il niait que l'esclave ait commis le délit. — *c*) Du cas où personne ne comparaissait pour défendre l'esclave. — 4° Des cas dans lesquels le maître pouvait être poursuivi pour le délit de son esclave sans avoir la faculté de l'abandon noxal (1).

II. Du cas où le délit avait été commis par un fils de famille : — 1° A l'époque des jurisconsultes classiques, le *paterfamilias* pouvait abandonner son fils de famille en le plaçant *in mancipio* (2). — 2° Sous le Bas-Empire, la victime du délit n'avait plus aucune action contre le *paterfamilias* (3).

III. Appendice : Du dommage causé par une chose appartenant au défendeur : — 1° De l'action *de pauperie* : — Définition de la *pauperies* (4). — Action de *pauperie* directe (5). — Action de *pauperie* utile (6). — 2° Des autres actions qui pouvaient être données contre le maître de la chose : — S'il y avait eu faute de sa part (7).— S'il y avait eu violation des réglements de police (8).

XIV.

Actions intentées ou soutenues suo nomine, actions intentées ou soutenues alieno nomine.

1° Le *criterium* de cette division est tiré de la circonstance que le plaideur figurait au procès en nom personnel ou au nom d'autrui (9). — 2° Système des actions de la loi (10) : — Principe fondamental : *Nemo alieno nomine lege agere potest.* — Ce principe comportait cinq exceptions. — 3° Système formulaire (11) : — Principe fondamental : On pouvait plaider *alieno nomine.* — On distinguait à cette époque le *cognitor*, le *procurator*, le *tutor* et le *curator.* — Comment était modifiée la formule lorsqu'une personne plaidait *alieno nomine.*—4° Système des *judicia extraordinaria* (12): — Il n'était plus question du *cognitor.* — On distinguait le *procurator*, soit *præsentis*, soit *absentis*, le *tutor* et le *curator.*

---

(1) Dig., *De nox. act.*, L. 21, § 2, L. 2, § 3, L. 3, L. 4. — Dig., *De pecul.*, L. 3, § 12. — Inst. Just., IV, 5, §§ 1, 2, 3.
(2) Gaii, *Comm.* I, §§ 140, 141. — Comm. IV, § 79.
(3) Instit. Just., IV, 8, § 7. — Dig. *De nox. act.*, L. 34, 35.
(4) Dig., *Si quadr. paup. fec.*, L. 1, pr.
(5) Inst. Just., IV, 9, pr.
(6) Dig., *Si quadr. paup. fec.*, L. 4: — Dig., *De damn. infect.*, L. 7, § 1.
(7) Dig., *Si quadr. paup. fec.*, L. 1,

§§ 4, 5, 6.
(8) Inst. Just., IV, 9, § 1.
(9) *Ibid.*, IV, 10.
(10) Gaii, *Comm.* IV, § 2.—Inst. Just., IV, 10, pr. — Dig., *De reg. jur.*, L. 123.
(11) Gaii, *Comm.* IV, §§ 82 à 87. — *Fragm. Vatic.*, §§ 317, 318, 319. — Dig., *De admn. tut.*, L. 1, § 2; L. 2, pr.
(12) *Fragm. Vatic.*, §§ 317, 331. — Inst. Just., IV, 10, §§ 1, 2. — Dig., *De re judic.*, L. 4, pr., § 1.

XV.

Actions dans lesquelles on était tenu de fournir satisdatio, actions dans lesquelles on n'était pas tenu de fournir satisdatio.

1° Généralités : — Dans certaines hypothèses, l'un des plaideurs devait s'obliger à quelque chose envers l'autre et fournir des fidéjusseurs pour garantir sa promesse (1). — Il est important de distinguer en cette matière le cas où la partie plaidait *suo nomine* et le cas où elle plaidait *alieno nomine*. — 2° Système des actions de la loi (2) : — *Prœdes litis et vindiciarum* qu'il ne faut pas confondre avec les *prœdes sacramenti*. — *Vindex.* — 3° Système formulaire (3) : — *Cautio pro prœde litis et vindiciarum* — *Cautio judicatum solvi*, qui comprenait trois clauses *de re judicata, de re defendenda, de dolo malo* (4).— *Cautio de rato* (5).—3° Système des *judicia extraordinaria* (6).

XVI.

Judicia legitima, judicia quæ imperio continentur.

1° Le *judicium* était *legitimum* lorsque l'instance avait lieu à Rome ou dans le premier mille autour de Rome, que tous les plaideurs étaient citoyens romains et que le juge unique était lui-même citoyen romain (7). — 2° Système des actions de la loi. — 3° Système formulaire (8) : — *a*) Sous l'influence de quels faits cette division a-t-elle pris naissance ? — *b*) Quels étaient les intérêts pratiques qui s'attachaient à cette division : — Novation judiciaire par la *litis contestatio*. — Novation judiciaire par la *sententia*. — Péremption d'instance. — Effets de l'*adjudicatio*. — *Tutor prætorius.* — 3° Epoque des *judicia extraordinaria* :— Cette division des actions avait disparu. — Règles nouvelles quant à la péremption d'instance (9).

XVII.

Actions perpétuelles, actions temporaires.

1° Généralités : — Pour comprendre cette division, il faut se placer avant la *litis contestatio*. — De là il résulte que ce n'est pas une division des *actions*, mais

(1) Inst. Just., IV, 11.
(2) Gaii, *Comm.* IV, § 16..
(3) *Ibid.*, §§ 88 à 102. — Inst. Just., IV, 11, pr., § 1.
(4) Dig., *Judic. solv.*, L. 6.
(5) Dig., *Rat. rem. habet. passim.*

(6) Inst. Just., IV, 11, §§ 3 à 7.
(7) Gaii, *Comm.* IV, §§ 103 à 105.
(8) *Ibid.*, §§ 104 à 109.— *Fragm. Vatic.*, § 47. — Ulp., *Regl.* XI, § 24.
(9) Code Just., *De judic.*, L. 13.

que c'est une division des *droits* que nous allons étudier. — La question est celle de savoir si un droit pouvait s'éteindre *lapsu temporis* (1). — 2° Système des actions de la loi. — 3° Système formulaire (2). — *a*) Droits sanctionnés par des actions civiles : — En principe, l'action était perpétuelle. — Exceptions. — *b*) Droits sanctionnés par des actions prétoriennes : — En principe, l'action était annale. — Exceptions. — 4° Système des *judicia extraordinaria* (3) : — Introduction de la *præscriptio longissimi temporis*. — Effets de la *præscriptio* quant aux actions *in personam*, — quant aux actions *in rem*.

XVIII.

Actions transmissibles ou non transmissibles aux héritiers ou contre les héritiers.

1° Généralités : — Pour comprendre cette division, il faut se placer encore avant la *litis contestatio* (4) ; c'est donc une division des *droits*. — 2° Point de vue actif (5) : — En principe, les actions étaient transmissibles aux héritiers. — Exceptions. — 3° Point de vue passif : A) Actions *in rem*. — B) Actions *in personam* : — *a*) Du cas où l'action était née d'un contrat ou comme d'un contrat (6) : — En principe, l'action passait intégralement contre les héritiers. — Exception spéciale aux héritiers du *sponsor* ou du *fidepromissor*. — Justinien a-t-il eu raison de substituer à cet exemple celui du dol commis dans un contrat? — *b*) Du cas où l'action était née d'un délit ou comme d'un délit (7) : — Les héritiers n'étaient tenus que dans les limites de leur enrichissement.

XIX.

Actions populaires, actions non populaires.

1° L'action populaire était l'action privée qui pouvait être intentée par tout citoyen romain (8). — 2° Pour comprendre cette division, il faut encore se placer avant la *litis contestatio*. — 3° Origine, but et résultat des actions populaires. — 4° Exemples d'actions populaires.

---

(1) Inst. Just., IV, 12, pr.
(2) Gaii, *Comm.* IV, §§ 110, 111. — *Comm.* III, § 121. — Dig., *De oblig. et act.*, L. 35.
(3) Cod. Just., *De prescript. XXX ann.*, L. 3. — L. 8, pr., § 1.
(4) Inst. Just., IV, 12, § 1. — Dig., *De oblig. et act.*, L. 58.
(5) Gaii, *Comm.* IV, §§ 112, 113. —

Dig., *De inoff. test.*, L. 7. — Ulp., *Regl.* VI, § 7.
(6) Gaii, *Comm.* IV, § 112, 113.—Inst. Just., IV, 12, § 1. — Dig., *De reg. jur.*, L. 152, § 3, L. 157, § 2.
(7) Dig., *Quod met. caus.*, L. 16, § 2. — Dig., *De dol. mal.*, L. 17, § 1.
(8) Dig., *De pop. act.*, passim.

TITRE QUATRIÈME.

DES EXCEPTIONS, RÉPLIQUES, DUPLIQUES, ETC.

(Inst. de Just., liv. IV, tit. 13 et 14.)

A. — DES EXCEPTIONS.

I.

Généralités.

I. Epoque des actions de la loi : — Les exceptions étaient inconnues (1).

II. Epoque du système formulaire : — 1° Définition de l'exception (2). — 2° Forme extérieure des exceptions (3). — 3° Distinction des moyens de défense qui opéraient *ipso jure* et de ceux qui opéraient *exceptionis ope* (4) : — Dans le premier cas, il y avait négation directe de l'*intentio;* dans le second cas, la négation était seulement indirecte. — 4° Origine des exceptions (5) : — Les exceptions sont d'origine prétorienne. — Le préteur, mu par l'équité, les a imaginées pour lutter contre certains résultats iniques du droit civil. — 5° Extension ultérieure des exceptions : — Comment expliquer que les exceptions aient été souvent nécessaires quand l'action était prétorienne (6)? — Qu'il y ait eu des exceptions civiles (7)? — Que certaines exceptions aient été quelquefois contraires à l'équité (8)? — 6° A qui incombait le fardeau de la preuve dans les exceptions (9)? — 7° De la maxime : *Temporalia ad agendum, perpetua ad excipiendum* (10).

III. Epoque des *judicia extraordinaria* : — 1° Les exceptions, quant à leur forme extérieure, avaient disparu. — 2° Mais on continuait à distinguer les moyens de défense qui opéraient *ipso jure* et ceux qui opéraient *exceptionis ope* (11). — 3° Quel est le sens du mot exception dans notre droit actuel (12)?

(1) Gaii, *Comm.* IV, § 108.
(2) Dig., *De except.*, L. 2, pr., L. 22, pr.
(3) Gaii, *Comm.* IV, § 119.
(4) Cod. Just., *De except.*, L. 9.
(5) Gaii, *Comm.* IV, § 116. — Inst. Just., IV, 13, pr.
(6) Dig., *De public. act.*, L. 17.—Dig., *De pact.*, L. 27, § 2.
(7) Inst. Just., IV, 13, § 7.

(8) Dig., *De except.*, L. 15.
(9) Dig., *De probat.*, L. 2, L. 19, pr.— Inst. Just., II, 20, § 4.
(10) Dig., *De except. dol. mal.*, L. 5, § 6.
(11) Cod. Just., *De except.*, L. 13.
(12) Cod. Nap., art. 1208, 1360.—Cod. proc. civ., art. 166 et suiv.

II.

Exceptions prétoriennes, exceptions civiles.

§ 1. Généralités.

1° L'exception était prétorienne ou civile, suivant qu'elle découlait du droit prétorien ou du droit civil (1). — 2° Les principales exceptions prétoriennes étaient : — L'exception *doli mali* (2), — l'exception *metus causa* (3), — l'exception *erroris causa* (4), — l'exception *non numeratæ pecuniæ* (5), — l'exception *pacti conventi* (6), — l'exception *transacti negotii* (7), — l'exception pouvant résulter du pacte de *constitut* (8), — l'exception *jurisjurandi* (9), — l'exception *rei in judicium deductæ* (10),— l'exception *litis dividuæ* (11), — l'exception *litis residuæ* (12), — l'exception *rei judicatæ* (13), — les exceptions *cognitoriæ* et *procuratoriæ* (14), — l'exception *rei litigiosæ* (15). — 3° Les principales exceptions civiles étaient : — L'exception du Snc. Trebellien (16), — l'exception du Snc. Velleien (17), — l'exception du Snc. Macédonien (18),— l'exception de division (19), — l'exception de compensation (20), — l'exception de cession de biens (21), — l'exception de la loi *Cincia* (22).

§ 2. — Examen spécial de quelques-unes de ces exceptions.

I. Du pacte de *constitut :* — 1° Généralités (23) : — Définition du pacte de *constitut*, — Du *receptitium*. — Comparaison du *receptitium* et du *constitut*. — Réformes de Justinien. — Le *constitut* donnait toujours naissance à l'action *de pecunia constituta*, mais il pouvait aussi engendrer une exception. — 2° Du *constitut* considéré comme pacte accessoire : — a) *Constitut* entre le même créancier et le même débiteur : — Le pacte pouvait alors avoir pour but de donner une action au créancier lorsque l'obligation n'était que naturelle, ou de modifier une obligation civile préexistante, ou de permettre au créancier d'agir au moyen d'une *sponsio* pénale (24).—Après le pacte, le créancier pouvait-il encore intenter l'action primitive de la créance, ou cette action était-elle nécessairement paralysée par une exception (25)? — b) *Constitut* entre le

(1) Inst. Just., IV, 13, § 7.
(2) *Ibid.*, § 1.
(3) *Ibid.*, — Dig., *De except. dol. mal.*, L. 4, § 33.
(4) Inst. Just., IV, 13, § 1.
(5) *Ibid.*, § 2.
(6) *Ibid.*, § 3.
(7) Dig., *De transact.*, L. 17.
(8) Dig., *De pec. const.*
(9) Inst. Just., IV, 13, § 4.
(10) Gaii, *Comm.* IV, §§ 106, 107.
(11) *Ibid.*, § 122.
(12) *Ibid.*
(13) Inst. Just., IV, 13, § 5.
(14) Gaii, *Comm.* IV, § 124.

(15) *Ibid.*, § 117.
(16) Dig., *Ad Snc. Trebell.*, L. 27, § 7.
(17) Dig., *Ad Snc. Vell.*, L. 16, pr.
(18) Dig., *Ad Snc. Maced.*, L. 7, § 14.
(19) Dig., *De fidejuss. et mand.*, L. 28.
(20) Inst. Just., IV, 6, § 30.
(21) Dig., *De cess. bon.*, L. 14.
(22) *Fragm. Vatic.*, §§ 266 et suiv. — Renvoi au liv. V.
(23) Inst. Just., IV, 6, §§ 8, 9. — Cod. Just., *De const. pecun.*, L. 2.
(24) Dig., *De pecun. const.*, L. 1, §§ 5, 7, L. 16, § 1, L. 25, L. 10, L. 8. — Gaii, *Comm.* IV, § 171.
(25) Dig., *De pec. const.*, L. 18, § 3.

créancier et un tiers (1) : — Le *constitut* était alors une *intercessio* (2). — c) *Constitut* entre le débiteur et un tiers (3). — Le *constitut* était alors analogue à l'*adstipulatio*. — 3° Du *constitut* considéré comme pacte extinctif. — Le *constitut*, lorsque telle avait été l'intention des parties, éteignait l'obligation primitive *exceptionis ope*, il y avait alors *novation prétorienne*. — Lorsque les parties ne s'étaient pas formellement expliquées, on supposait la novation lorsque le *constitut* se produisait *inter easdem personas*; lorsqu'il intervenait avec un tiers, on supposait, au contraire, qu'il n'y avait pas novation.

II. De l'autorité de la chose jugée : — 1° Quel est le fondement de l'autorité attachée par la loi à la chose jugée (4)? — 2° Pour que la chose jugée fût opposable, il fallait qu'il y ait identité d'objet, de cause et de parties (5). — 3° La chose jugée était invoquée tantôt par voie d'action (*actio judicati*) (6), tantôt comme moyen de défense, soit *ipso jure*, soit à l'aide de l'exception *rei judicatœ*, suivant les cas (7).

III. Du pacte de serment : — 1° Généralités (8) : — Définition du serment. — Distinction de trois espèces de serment (9). — Le serment volontaire seul donnait naissance tantôt à l'action, tantôt à l'exception *jurisjurandi*. — 2° Du serment judiciel : — Serment déféré par le juge pour la décision de la cause (10). — Serment déféré par le juge pour fixer la quotité des dommages-intérêts (*jusjurandum in litem*) (11). — 3° Du serment nécessaire : — Il pouvait être déféré *in jure* ou *in judicio*, soit par le demandeur, soit par le défendeur. — Quels étaient les effets de la délation de serment, soit que le serment ait été prêté, refusé ou référé (12)? — 3° Du serment volontaire : — a) Il avait pour base un pacte librement consenti par les parties en dehors de toute instance judiciaire (13) : — b) Le pacte pouvait intervenir à propos d'un droit réel (14). — Si le pacte déférait le serment au revendiquant et que celui-ci ait juré, il avait l'action *de jurejurando*. — Si le pacte déférait le serment au possesseur et que celui-ci ait juré, il avait toujours l'exception *jurisjurandi*; l'action *de jurejurando* ne lui appartenait que suivant une distinction. — Du reste, le serment n'avait d'effet qu'entre les parties qui avaient fait le pacte. — c) Le pacte pouvait intervenir à propos d'un droit de créance (15) : — Si le pacte déférait le serment au prétendu créancier et que celui-ci ait juré, il avait l'action *de jurejurando*. — Si le pacte déférait le serment au prétendu débiteur et que celui-ci ait juré, il avait l'exception *jurisjurandi*.

(1) *Ibid.*, L. 28.
(2) Voy. p. 131.
(3) Dig., *De pec. const.*, L. 5, § 2.
(4) Dig., *De except. rei jud.*, L. 6. — Dig., *De reg. jur.*, L. 207.
(5) Dig., *De except. rei judic.*, L. 12, L. 13, L. 14.
(6) Gaii, *Comm.* IV, § 171.
(7) *Ibid.*, §§ 106 à 108. — Inst. Just., IV, 13, § 5.
(8) Inst. Just., IV, 6, § 11. — *Ibid.*, IV, 13, § 4.
(9) Dig., *De jurej. sive volunt. sive necess. sive judic.*
(10) Dig., *De jurej.*, L. 31.
(11) Dig., *De in lit. jur.*, L. 5, L. 6.
(12) Dig., *De jurej.*, L. 34, §§ 6 à 9. — Cod. Just., *De reb. cred.*, L. 3.
(13) Dig., *De jurej.*, L. 17, pr.
(14) *Ibid.*, L. 9, § 7, L. 11, pr., L. 10, L. 3, § 3. — Dig., *De public. act.*, L. 7, § 7.
(15) Inst. Just., IV, 6, § 11. — *Ibid.*, IV, 13, § 4. — Dig., *De jurej.*, L. 5, § 2.

— 159 —

IV. Théorie des *pacta adjecta* : — 1° Généralités : — On nomme pacte adjoint, celui qui était ajouté à un contrat pour en modifier la nature. — Le pacte avait pour but soit d'augmenter les effets du contrat, auquel cas celui au profit duquel il avait été fait avait besoin d'une action pour le faire valoir, soit de diminuer les effets du contrat, auquel cas celui au profit duquel il avait été fait l'invoquait comme moyen de défense. — 2° Des pactes adjoints aux contrats de bonne foi (1) : — a) *In continenti*. — Ils étaient réputés partie intégrante du contrat. — b) *Ex intervallo* : — Du cas où le pacte portait sur les *adminicula* du contrat. — Du cas où le pacte portait sur la *substantia* du contrat, en distinguant suivant que les choses étaient ou n'étaient plus entières. — 3° Des pactes adjoints aux contrats *stricti juris* (2). — a) *In continenti* : — Les règles sont-elles les mêmes en cas de *mutuum* de stipulation et d'expensilation ? — b) *Ex intervallo*.

V. De la compensation : — 1° Généralités (3) : — Définition de la compensation (4). — Quelle est son utilité (5) ? — Distinction de la compensation volontaire et de la compensation forcée. — 2° Epoque antérieure à Marc-Aurèle : — Compensation propre à l'*argentarius* (6). — *Deductio* propre à l'*emptor bonorum* (7). — Compensation de droit commun dans les actions *bonæ fidei*, lorsque les deux créances étaient nées *ex pari causa*, peu importait du reste qu'elles fussent ou non *ex pari specie* (8). — 3° Epoque de Marc-Aurèle : — Quelles sont les modifications qui se produisirent alors, soit quant aux actions *stricti juris*, soit quant aux actions *bonæ fidei* (9) ? —La compensation n'avait-elle lieu dans les actions *stricti juris* que *ex pari specie* (10) ? —Quel était l'effet de l'exception de dol opposée à l'action *compensationis causa* (11) ? — Pouvait-on opposer en compensation toute obligation naturelle (12) ? — Est-ce réellement Marc-Aurèle qui a admis le premier la compensation dans les actions de droit strict (13) ? — 4° Epoque de Justinien (14) :—La compensation avait lieu *ipso jure* dans tous les cas. — Elle était possible dans toute action soit *in rem*, soit *in personam*. — Cependant on ne pouvait opposer la compensation dans trois cas déterminés. — La créance opposée en compensation devait être liquide. — 5° Quelle était la nature de la compensation forcée : — Système d'après lequel la compensation aurait été légale (15). — Système d'après lequel la compensation aurait été judiciaire (16).

(1) Dig., *De pact.*, L. 7, §§ 5, 6. — L. 56. — Dig., *De contrah. empt.*, L, 72. — Dig., *De resc. vend.*, L. 2.
(2) Dig., *De reb. cred.*, L. 11, § 1, L. 40. — Dig., *De pact.*, L. 17, pr.—Cod. Just., *De pact.*, L. 27.
(3) Inst. Just., IV, 6, §§ 30, 39.
(4) Dig., *De compens.*, L. 1.
(5) *Ibid.*, L. 3.
(6) Gaii, *Comm.* IV, § 64.
(7) *Ibid.*, §§ 65 à 68.
(8) *Ibid.*, §§ 61 à 63.
(9) Inst. Just., IV, 6, § 30.
(10) Paul, *Sent.* II, 5, § 3.
(11) *Ibid.*—Dig., *De reiv.*, L. 38, L. 48.
(12) Dig., *De compens.*, L. 6.
(13) Dig., *De reiv.*, L. 38.
(14) Inst. Just., IV, 6, § 30. — Cod. Just., *De compens.*, L. 14.
(15) Dig., *De compens.*, L. 4, L. 11, L. 10, § 1.
(16) Dig., *De compens.*, L. 5. — Dig., *De duob. reis*, L. 10.

III.

Exceptions rei cohærentes, exceptions personæ cohærentes.

§ 1. — Généralités.

1° Il y avait des exceptions qui étaient attachées à l'action, de telle sorte que toute personne poursuivie pouvait invoquer l'exception ; d'autres, au contraire, appartenaient à une personne déterminée, qui pouvait seule invoquer l'exception, lorsqu'elle était poursuivie. — En d'autres termes, l'exception avait un effet tantôt absolu et tantôt relatif. — 2° Deux intérêts pratiques s'attachaient à cette division : — En cas de mort du créancier ou du débiteur (1). — En cas de pluralité de créanciers ou de débiteurs (2).

§ 2. — Examen des principales exceptions à ce point de vue.

I. Du pacte de *non petendo* : — 1° Distinction du pacte de *non petendo in rem* et du pacte de *non petendo in personam* (3). — 2° Effets du pacte en cas de mort du créancier ou du débiteur, suivant que le pacte était *in rem* ou *in personam* (4). — 3° Effets du pacte en cas de pluralité des débiteurs ou des créanciers : — *a*) Lorsque le créancier faisait le pacte de *non petendo* avec un seul des débiteurs, il pouvait avoir trois intentions : s'interdire seulement d'agir contre ce débiteur ; s'interdire d'agir contre ce débiteur et contre les autres débiteurs relativement à tout ce qui pouvait fonder une action en recours de la part de ceux-ci contre le débiteur qui faisait le pacte ; s'interdire d'agir contre tous les débiteurs d'une manière absolue. — Dans la première hypothèse, le débiteur qui avait fait le pacte pouvait seul invoquer l'exception *pacti conventi ;* dans la seconde, non seulement il le pouvait, mais les autres débiteurs le pouvaient dans les limites de l'intérêt du débiteur qui avait fait le pacte ; dans la troisième, les autres débiteurs, à défaut de l'exception *pacti conventi*, avaient l'exception *doli mali*. — Le pacte intervenu entre le créancier et le débiteur principal pouvait-il être invoqué par le fidéjusseur ? — Le pacte intervenu entre le créancier et le fidéjusseur pouvait-il être invoqué par le débiteur principal ? — Le pacte intervenu entre le créancier et l'un des fidéjusseurs pouvait-il être invoqué par les autres ? — Le pacte intervenu entre le créancier et l'un des débiteurs solidaires corréaux *non socii* pouvait-il être invoqué par les autres ? — *Quid* s'ils étaient *socii ?* — Le pacte intervenu entre le créancier et l'un des débiteurs simplement *in solidum* pouvait-il être invoqué par les autres (5) ? — *b*) Lorsque l'un des créanciers faisait le pacte avec le

(1) Dig., *solut. matrim.*, L. 12, L. 13. — Dig., *De pact.*, L. 25, § 1.
(2) Inst. Just., IV, 14, § 4. — Dig., *De except.*, L. 7, pr., § 1.
(3) Dig., *De pact.*, L. 7, § 8.
(4) *Ibid.*, L. 25, § 1, L. 57, § 1.

(5) Dig., *De pact.*, L. 21, § 5, L. 22, L. 32, L. 23, L. 24, L. 25, § 2, L. 26. — Dig., *De fidejuss.*, L. 15, § 1. — Dig., *De solut.*, L. 34, § 11. — Dig., *De liber. leg.*, L. 3, § 3. — Dig., *De contrar. tut.*, L. 15.

débiteur, il ne pouvait avoir que deux intentions : s'interdire d'agir personnellement contre le débiteur, ou s'interdire d'agir personnellement contre le débiteur et, en outre, interdire l'action à ses co-créanciers pour tout ce qui pourrait fonder une action en recours contre eux de sa part, s'ils faisaient payer le tout au débiteur. — Dans cette dernière hypothèse, le débiteur poursuivi par le créancier qui n'avait pas fait le pacte, pouvait-il lui opposer l'exception de dol pour la part du créancier qui avait fait le pacte? — Le pacte intervenu entre l'un des créanciers solidaires, correaux *non socii*, pouvait-il être opposé aux autres créanciers? — *Quid*, s'ils étaient *socii?* — Le pacte intervenu entre l'un des créanciers simplement *in solidum* pouvait-il être opposé aux autres créanciers (1)? — 4° Comparaison du pacte de *non petendo* et de l'acceptilation.

II. Du legs de la libération (2) : — 1° Des effets du legs lorsqu'il n'existait qu'un seul créancier et un seul débiteur. — 2° Des effets du legs lorsqu'il y avait pluralité de créanciers ou de débiteurs. — Il y a lieu de reprendre ici les diverses hypothèses examinées à propos du pacte de *non petendo*.

III. De la confusion (3) : — 1° Définition de la confusion. — 2° Les jurisconsultes romains n'étaient pas d'accord sur les effets de la confusion : les uns la considéraient comme étant un mode d'extinction absolu, les autres comme un mode d'extinction relatif. — Des effets de la confusion dans les diverses relations précédemment indiquées à propos du pacte de *non petendo*.

IV. En cas de pluralité de créanciers ou de débiteurs, quel était l'effet du pacte de *constitut* (4), de la chose jugée (5), du serment (6), de la compensation (7)?

IV.

Exceptions fondées sur l'équité, exceptions fondées sur des motifs d'ordre public.

1° Il y avait des exceptions qui avaient l'équité pour base, d'autres pouvaient conduire à une iniquité relative, mais trouvaient leur justification dans des motifs d'utilité générale. — 2° Deux intérêts pratiques s'attachaient à cette division : — *a)* Toute exception fondée sur l'équité pouvait être remplacée par l'exception *doli mali;* il n'en était pas de même des autres. — Pourquoi disait-on que l'exception *doli mali* était *in jus* et que les autres étaient *in factum?* — Le défenseur n'avait pas toujours le choix entre l'exception *in jus* et l'exception *in factum* (8). — *b)* Lorsque l'action

(1) Dig., *De pact.*, L. 27, pr.
(2) Inst. Just., II, 20, § 13. — Dig. *De liber. leg.*, L. 3, § 3; L. 5, pr., § 1; L. 8, § 1, 3, 4, L. 29. — Dig., *De fidejuss.*, L. 49, pr.
(3) Dig., *De solut.*, L. 38, § 5; L. 75, L. 93, §§ 2, 3. — Dig., *De fidejuss.*, L. 21, L. 71.
(4) Dig., *De pec. const.*, L. 7, § 1;

L. 8, L. 9, L. 10.
(5) Dig., *De except.*, L. 7, § 1.— Dig., *De fidejuss.*, L. 52, § 3.
(6) *De jure jur.*, L. 28, pr. à § 3; L. 42, §§ 1, 3.
(7) Dig., *De compens.*, L. 4, L. 5. — Dig., *De duob. reis*, L. 10.
(8) Dig., *De except. dol. mal.*, L. 2, §§ 4, 5; L. 4, § 16; L. 12.

19

était *bonæ fidei,* le défendeur n'avait pas besoin de faire insérer dans la formule l'exception fondée sur l'équité, mais il devait faire insérer l'exception fondée sur des motifs d'ordre public (1). — *c)* Réfutation de la théorie de M. de Savigny.

V.

Exceptions prévues dans l'Edit, exceptions accordées cognita causa

1º Outre les exceptions générales dont les principes étaient posés dans l'édit, le préteur se réservait d'accorder, dans chaque affaire, une exception spéciale (2). — 2º Inconvénients de ce système. — 3º Cette division correspond à peu près à celle des actions en directes et utiles.

VI.

Exceptions péremptoires, exceptions dilatoires.

1º Les exceptions péremptoires étaient celles que le demandeur ne pouvait éviter; les exceptions dilatoires étaient celles que le demandeur pouvait éviter en dirigeant mieux sa procédure (3). — 2º Quels étaient les intérêts pratiques de cette division : — L'intérêt qui tenait à ce que le demandeur pouvait ou ne pouvait pas éviter l'exception, se présentait avant la *litis contestatio;* mais après la *litis contestatio,* l'effet des deux exceptions était le même. — Intérêt quant à la *condictio indebiti.* — Controverse relativement à la *restitutio in integrum,* quant au défendeur qui avait omis de demander que l'exception fût insérée dans la formule. — 3º Quelles étaient les principales exceptions péremptoires? — Les exceptions dilatoires se divisaient en dilatoires *ex tempore* et dilatoires *ex persona.*

VII.

Exceptions qui portaient sur l'intentio, exceptions qui portaient sur la condemnatio de la formule.

1º Les premières entraînaient l'absolution du défendeur lorsqu'elles étaient vérifiées à son profit; les secondes diminuaient seulement le chiffre de la condamna-

---

(1) Dig., *Solut. matrim.,* L. 21. — Cod. Just., *De judic.,* L. 2.
(2) Gaii, *Comm.* IV, § 118.
(3) Gaii, *Comm.* IV, §§ 121 à 125. —

Inst. Just., IV, 13, §§ 8 à 11. — Dig., *De except.,* L. 3. — Dig., *De cond. indeb.,* L. 26, §§ 3, 7.

tion (1). — 2° La place de ces deux classes d'exceptions dans la formule devait être différente.

B. — DES RÉPLIQUES, DUPLIQUES, ETC.

1° De la réplique (2) : — Définition. — Exemples de répliques. — L'insertion de la réplique dans la formule n'était pas nécessaire au cas de négation directe de l'exception. — La réplique de dol n'était pas admise contre l'exception de dol. — 2° Des dupliques, tripliques, quadrupliques, etc. (3)—Certains jurisconsultes donnaient à ces mots un sens autre que Gaius et Justinien (4). — 3° Pourquoi Justinien a-t-il remplacé le mot *adjectio*, qui se trouve dans le texte de Gaius, par le mot *allegatio* (5) ?

TITRE CINQUIÈME.

DES PRESCRIPTIONS.

(Gaii, Comm. IV, §§ 130 à 137.)

I. Époque des actions de la loi : — Les prescriptions étaient inconnues.

II. Epoque du système formulaire : — 1° Définition de la prescription (6). — 2° Prescriptions insérées dans l'intérêt du demandeur : — Prescription *cujus rei dies fuit* (7). — Prescription *de fundo mancipando* (8). — 3° Prescriptions insérées dans l'intérêt du défendeur : — Prescriptions appelées *præjudicia* (9). — Prescription *fori* (10). — Prescription *longi temporis* (11). — 4° Quelles sont les différences qui existaient entre les prescriptions et les exceptions : — Les exceptions n'étaient jamais insérées que dans l'intérêt du défendeur. — Place de l'*adjectio* dans la formule. — Ordre dans lequel le juge procédait à l'examen de l'une ou l'autre *adjectio*. — *Quid* quant à l'effet novatoire de la *litis contestatio?* — 5° Dès l'époque de Gaius, les prescriptions insérées dans l'intérêt du défendeur étaient données sous forme d'exception (12).

(1) Dig., *De except.*, L. 2, pr., L. 22, pr., L. 7.
(2) Gaii, *Comm.* IV, §§ 126 et suiv. — Inst. Just. IV, 14, pr. — Dig., *De except.*, L. 2, § 1; L. 22, § 1. — Dig., *De except. doli mali*, L. 4. § 13.
(3) Inst. Just., IV, 14, §§ 1, 2, 3. — Dig., *De curat. fur.*, L 7, § 1.
(4) Dig., *De curat. fur.*, L. 7, § 1. — Dig., *De except.*, L. 2, § 3.
(5) Gaii, *Comm.* IV, § 126. — Inst.
Just., IV, 14, pr.
(6) Gaii, *Comm.* IV, § 132.
(7) *Ibid.*, § 137. — Voy. p. 102.
(8) *Ibid.*
(9) *Ibid.*, § 133. — Dig., *De except.*, L. 18. — Dig., *De judic.*, L. 54.
(10) Dig., *Qui satisd. cogant.*, L. 7, pr. — Cod. Just., *De except.*, L. 13.
(11) Cod. Just., *De prescrip. long. temp.*
(12) Gaii, *Comm.* IV, § 133.

III. Epoque des *Judicia extraordinaria* : — 1° Les prescriptions insérées dans l'intérêt du demandeur avaient disparu. — 2° Les prescriptions insérées dans l'intérêt du défendeur se distinguaient-elles encore au fond des exceptions (1) ? — 3° Quel est le sens du mot prescription dans notre droit actuel (2).

TITRE SIXIÈME.

DES INTERDITS.

(Inst. de Just., liv. IV, tit. 15.)

I.

Généralités.

I. Epoque des actions de la loi. — Les interdits étaient inconnus.

II. Epoque du système formulaire : — 1° Définition des interdits (3). — 2° Origine des interdits. — 3° Des divers résultats que pouvait avoir un interdit : — Si le défendeur avouait qu'il était dans le cas de l'interdit et y obéissait. — Si le défendeur avouait qu'il était dans le cas de l'interdit et refusait d'y obéir. — Si le défendeur soutenait qu'il n'était pas dans le cas de l'interdit. — 4° Différences entre un interdit et une action. — 5° Différences entre l'interdit et l'édit du préteur.

III. Système des *Judicia extraordinaria :* — En fait, l'interdit n'était plus délivré. — Les textes ne s'occupent plus que des actions qui étaient autrefois données à la suite de l'interdit (4).

II.

Interdits prohibitoires, ou restitutoires, ou exhibitoires.

1° Le *criterium* de cette division se tirait de la nature de l'ordre donné par le préteur (5). — 2° Exemples d'interdits de chaque classe. — 3° Quel était l'intérêt pratique qui s'attachait à cette division ?

(1) Dig., *De except., prescript.* et *præjud.*
(2) Cod. Nap., art. 2219.
(3) Inst. Just., IV, 15. pr. — Gaii,
Comm. IV, §§ 139, 140.
(4) Inst. Just., IV, 15, pr., § 8.
(5) *Ibid.*, § 1. — Gaii, *Comm.* IV, § 142.

III.

Interdits possessoires, interdits non possessoires.

§ 1. — Généralités.

1° Certains interdits se référaient à la possession, d'autres n'avaient pas rapport à cette théorie. — 2° Division des interdits possessoires en interdits *adispiscendæ possessionis, recuperandæ possessionis, retinendæ possessionis, tam a dispiscendæ quam recuperandæ possessionis* (1). — 3° Autre division des interdits possessoires en interdits possessoires proprement dits, et interdits quasi-possessoires (2).

§ 2. — Des interdits possessoires proprement dits.

I. Résumé général de la théorie de la possession (3).

II. Des interdits *adispiscendæ possessionis :* — 1° Généralités. — Ces interdits ne garantissaient-ils pas plutôt le *jus possidendi* que le *jus possessionis?* — Comment peut-on expliquer le concours de ces interdits avec des actions prétoriennes naissant directement de l'édit ? — 2° De l'interdit *quorum bonorum* (4). — *a)* Définition de cet interdit. — *b)* A qui appartenait-il. — *c)* Contre qui était-il donné : — Il fallait que le défendeur possédât *pro herede* ou *pro possessore.* — Comment expliquer que l'interdit ait été donné même contre le véritable héritier ? — *d)* Du concours de l'interdit *quorum bonorum* et de la *possessoria hereditatis petitio* — *e)* De l'action et de l'interdit sous Justinien. — 3° De l'interdit *possessorium* (5). — 4° De l'interdit *sectorium* (6). — 5° De l'interdit *fraudatorium* (7). — 6° De l'interdit *salvianum* (8) : — Du concours de cet interdit et de l'action servienne. — 7° De l'interdit *quod legatorum* (9).

III. Des interdits *recuperandæ possessionis :* — 1° Généralités. — 2° De l'interdit *Unde vi* (10) :—Définition de cet interdit. — Quels étaient les éléments essentiels à son exercice ? — Quel était son résultat ? — Des autres actions organisées par le Droit romain pour réprimer la violence. — 3° De l'interdit *de clandestina possessione* (11).—4° De l'interdit *de precario* (12) : — Définition du pacte de précaire. — Dans quelles circonstances intervenait-il? — Des actions que pouvait intenter le bailleur à précaire. — Comparaison du pacte de précaire et du contrat de commodat.

IV. Des interdits *retinendæ possessionis :* — 1° Généralités.—2° De l'interdit

---

(1) Gaii, *Comm.* IV, § 143. — Inst. Just., IV, 15, § 2.— *Fragm. vindeb.*, § 6.
(2) Inst. Just., IV, 15, pr. — Dig., *De servitut.*, L. 20.
(3) Inst. Just., IV, 15, § 5.
(4) Gaii, *Comm.* IV, § 144. — III, §§ 35 et suiv. — Dig., *De poss. her. petit.* — Dig., *Quor. bon.* — Inst. Just., IV, 15, § 3.
(5) Gaii, *Comm.* IV, § 145.
(6) *Ibid.*, § 146.

(7) Dig., *De solut.*, L. 96, pr.
(8) Gaii, *Comm.* IV, § 147. — Dig., *De salv. interd.*, L. 1. — Inst. Just., IV, 15, § 3.
(9) Dig., *Quod. legat.*, L. 1, § 2.
(10) Gaii, *Comm.* IV, §§ 154, 155. — Dig., *De vi et vi armat. passim.* —Inst. Just., IV, 15, § 6.
(11) Dig., *Comm. divid.*, L. 7, § 5.
(12) Dig., *De precar.*, L. 1, L. 4, L. 8, L. 17.

uti possedetis (1) : — But de cet interdit. — Eléments essentiels à son exercice. — 3° De l'interdit *utrubi* (2).

V. Des interdits *tam adispiscendæ quam recuperandæ possessionis* (3) :

1° Généralités. — 2° De l'interdit *quem fundum.* — 3° De l'interdit *quam hereditatem.* — 4° Explication du *sane uno casu* (Inst., § 2, *de actionibus*).

§ 3. — Des interdits quasi-possessoires.

1° Résumé général de la théorie de la quasi-possession (4). — 2° Des interdits quasi-possessoires relatifs aux servitudes personnelles (5) : — On finit par donner les interdits possessoires, mais utiles. — 3° Des interdits quasi-possessoires relatifs aux servitudes réelles : — Il en était de même (6), cependant le préteur avait organisé quelque chose de spécial relativement aux interdits *retinendæ quasi-possessionis :* — La quasi-possession des servitudes rustiques était garantie par des interdits spéciaux (7). — La quasi-possession des servitudes urbaines était suffisamment garantie par l'interdit *uti possidetis* direct (8); *quid* cependant si la servitude était négative ?

IV.

Interdits simples, interdits doubles.

1° L'interdit était simple lorsque l'un des plaideurs jouait le rôle de demandeur et un autre le rôle de défendeur; il était double lorsque les deux plaideurs étaient à la fois demandeurs et défendeurs (9). — 2° Quel était l'intérêt pratique de cette division : — *a)* Epoque des jurisconsultes classiques (10). — Quand l'interdit était simple, on agissait tantôt *per sponsionem*, tantôt *per formulam arbitrariam.* — Quand il était double, on agissait toujours *per sponsionem;* il y avait deux stipulations et deux restipulations; le préteur procédait à la *fructus licitatio*; le vainqueur sur la *fructus licitatio*, qui succombait au fond, pouvait encourir cinq condamnations. — *b)* Epoque du Bas-Empire (11).

(1) Gaii, *Comm.* IV, §§ 148, 149. — Dig., *Uti possid.*, L. 1. — Inst. Just., IV, 15, § 4.

(2) Gaii, *Comm.* IV, §§ 150, 151, 152. — Inst. Just. IV, 15, § 4.

(3) *Fragm. vindeb.*, § 6.

(4) Dig., *De adq. vel amitt. poss.*, L. 3, pr. — Dig., *De servit.*, L. 20.

(5) *Fragm. vatic.*, §§ 90 à 93. — Dig., *De vi*, L. 3, §§ 13 à 17. — Dig., *De* precar., L. 2, § 3.—Dig., *Uti possid.*, L. 4.

(6) Dig , *De aquæ et aquæ pluv.*, L. 15.

(7) Dig., *De itin. et act. priv.* — Dig., *De aquæ cottid.* — Dig., *De riv.* — Dig., *De fonte.*

(8) Dig., *Si servit. vindic.*, L. 8, § 5.

(9) Gaii, *Comm.* IV, §§ 156 à 160. — Dig., *De oblig. et act.*, L. 37, § 1.

(10) Gaii, *Comm.* IV, §§ 161 à 170.

(11) Inst. Just., IV, 15, §§ 7, 8.

TITRE SEPTIÈME.

DES RESTITUTIONS EN ENTIER.

———

(Inst. Just., liv. IV, tit. 6, §§ 5 et 6. — Paul, *Sent.*, liv. I, tit. 7, 8, 9.)

§ 1. — Généralités.

1° Définition de la *restitutio in integrum* (1). — 2° Des causes de *restitutio* (2). — 3° Des droits à raison desquels le préteur accordait la *restitutio* : — Translation de propriété. — Obligation contractée. — Remise de dette. — Cession de créance. — Abandon d'un droit réel. — Perte d'une action. — Perte d'une exception. — Adition d'une hérédité insolvable ou répudiation d'une hérédité solvable, etc. — 4° Des procédés à l'aide desquels le préteur accomplissait la *restitutio* : — *Cognitio extraordinaria* (3). — Renvoi devant un *judex* (4) : La restitution pouvait se trouver alors, soit dans l'*intentio* fictive de la formule, soit dans une exception, soit dans une réplique. — Dans le cas spécial de translation de propriété, le préteur donnait encore souvent l'action publicienne, avec une réplique rescisoire de l'exception *justi dominii* (5). — 5° Du concours de la *restitutio in integrum* et d'une action *in factum* : — Quel était le but direct de l'action *in factum* dont il s'agit ? — N'est-il pas inexact de considérer l'action *in factum* comme un des procédés de la *restitutio* (6) ? — N'est-il pas vrai que le préteur a dû imaginer l'action *in factum* après la *restitutio* ? — 6° Dans quel délai la *restitutio in integrum* devait-elle être demandée (7). — 7° Quels étaient les magistrats qui pouvaient l'ordonner (8).

§ 2. — De la *restitutio* accordée aux mineurs de vingt-cinq ans.

1° Conditions de la *restitutio*. — 2° Procédés. — 3° Effets à l'égard des tiers (9).

§ 3. — De la *restitutio* accordée aux majeurs de vingt-cinq ans.

I. *Restitutio* pour cause de crainte : — 1° Quels étaient les caractères que devaient présenter les actes de violence (10). — 2° De la *restitutio* (11). — 3° De l'action *in factum quod metus causa* et de l'exception *metus causa* (12). — 4° Quel était le procédé le plus avantageux ?

II. *Restitutio* pour cause de dol : — 1° Quels étaient les caractères que devaient présenter les actes de dol (13). — 2° De la *restitutio* (14). — 3° De l'action

---

(1) Paul, *Sent.* I, 7, § 1.
(2) Dig., *De in integr. rest.*, L. 1, L. 2.
(3) Dig., *De minor. XXV ann.*, L. 13, § 1.
(4) *Ibid.*
(5) Dig., *De oblig. et act.*, L. 35, pr.
(6) Paul, *Sent.* I, 7, § 4.
(7) Cod. Just., *De temp. in integr. restit.*, L. 7.
(8) Dig., *Ad municipal.*, L. 26, § 1.

(9) Dig., *De min. XXV ann.*, L. 7, L. 13.
(10) Dig., *Quod. met. caus.*, L. 1 à 7.
(11) *Ibid.*, L. 9, § 4, § 6; L. 21, § 6.
(12) Inst. Just., IV, 6, §§ 27, 31. — IV. 13, § 1.
(13) Dig., *De Dol. mal.*, L. 1, §§ 1 à 3.
(14) Dig., *De in integr. restit.*, L. 1, L. 7, § 1.

in factum de dolo et de l'exception *doli* (1). — 4° Le dol n'était qu'un vice relatif à la différence de la crainte (2).

III. *Restitutio* pour cause d'erreur (3).

IV. *Restitutio* pour cause de *capitis deminutio* (4).

V. *Restitutio* pour cause d'absence : — 1° Le préteur restituait principalement pour cette cause, lorsque l'absence avait facilité l'usucapion au possesseur (5). — 2° Du cas ou l'usucapion s'était accompli par suite de l'absence du propriétaire : — *a)* Quelles étaient les circonstances que le préteur considérait comme ayant légitimement empêché le propriétaire de revendiquer (6). — *b)* Quelles étaient les diverses voies ouvertes à l'ancien propriétaire par le préteur : — S'il ne possédait pas : *cognitio extraordinaria*; action *in rem* fictive rescisoire (7); action publicienne, avec réplique rescisoire de l'exception *justi dominii* (8). — S'il possédait (9). — 3° Du cas où l'usucapion s'était accompli par suite de l'absence du possesseur : — Quelles étaient les circonstances que le préteur considérait comme ayant empêché légitimement le propriétaire de revendiquer (10). — Quelles étaient les diverses voies ouvertes à l'ancien propriétaire par le préteur. — Le propriétaire n'avait-il pas, en dehors de la *restitutio in integrum*, plusieurs moyens d'éviter l'usucapion (11)? — 4° Réfutation de l'opinion des commentateurs, qui reconnaissent l'existence d'une action appelée par eux *Contre publicienne* ou *Publicienne rescisoire* (12).

VI. *Restitutio* pour cause de fraude : — A. De la fraude accomplie au préjudice des créanciers : — 1° Principe fondamental : une créance ne donne ni droit de suite, ni droit de préférence. — Exception pour le cas de fraude. — 2° Des diverses voies ouvertes aux créanciers pour faire tomber l'acte frauduleux : — *Restitutio in integrum (cognitio extraordinaria*, action fictive rescisoire (13) ou exception). — Action Paulienne, *in factum* (14). — Interdit fraudatoire (15). — Cas spécial prévu par la loi *Œlia Sentia* (16). — Dans quel ordre chronologique ces diverses voies ont-elle été ouvertes aux créanciers ? — Quelle était la voie la plus avantageuse aux créanciers ? — L'action fictive rescisive et l'action *in factum* portaient-elles toutes deux le nom d'action Paulienne (17)? — 3° Quels étaient les éléments qui devaient se trouver réunis pour fonder l'action des créanciers (18) : — *a) Eventus :* — Les Romains distinguaient entre les actes par lesquels le débiteur s'était appauvri et ceux par lesquels il avait manqué à s'enrichir. — *b) Consilium :* — Distinction

(1) Inst. Just., IV, 6, § 31. — IV, 13, § 1. — Dig., *De dol. mal. passim.*
(2) Dig., *Quod. met. caus.*, L. 14, § 3.
(3) Dig., *De in integr. restit.*, L. 2.
(4) Dig., *De cap. minut.* — Gaii, *Comm.* IV, § 38.
(5) Inst. Just., IV, 6, § 5. — Dig., *Ex quib. caus. major.*, L. 1.
(6) Dig., *Ex quib caus. major.*, L. 2, § 1; L. 3, L. 4, L. 9, L. 11, L. 14.
(7) *Ibid.*, L. 28, §§ 5, 6.
(8) Dig., *De oblig. et act.*, L. 35, pr. — Dig., *Mand.*, L. 57.
(9) Dig., *Ex quib. caus. major.*, L. 21, § 5.

(10) Dig., *Ex quib. caus. major.*, L. 21, à 26.
(11) *Ibid.*, L. 21, § 3; L. 23, § 4.— Cod. Just., *De annal. except.*, L. 2.
(12) Dig., *De oblig. et act*, L. 35, pr.
(13) Inst. Just., IV, 6, § 6.
(14) Dig., *Quæ in fraud. cred.*, L. 1.
(15) Dig., *De solut.*, L. 96, pr.
(16) Inst. Just., I, 6, §§ 1 à 3.
(17) Dig., *De usuris*, L. 39, § 4.
(18) Dig., *Quæ in fraud. cred.*, L. 6, L. 10, § 1; L. 25, § 1. — Dig., *De regul. jur.*, L. 79.

des actes à titre gratuit et à titre onéreux. — Le créancier qui recevait son paiement ne pouvait être réputé avoir *consilium*. — 4° A qui appartenait l'action (1) :
Du curateur. — Des créanciers antérieurs à l'acte attaqué. — 5° Contre qui l'action
ouvait-elle être donnée (2). — B. De la fraude accomplie au préjudice du patron (3) (actions Favienne et Calvitienne).

LIVRE CINQUIÈME.

APPENDICE.

Théorie des donations et de la dot.

TITRE PREMIER.

DES DONATIONS.

(Inst. de Just., liv. II, tit. 7. — F. V., §§ 248 à 316).

1. Généralités : — 1° Définition de la donation (4). — 2° Des différents résultats que pouvait avoir une donation : — Création d'une obligation (5). — Translation d'un droit réel (6). — Cession de créance (7). — Extinction d'un droit réel (8).
— Extinction d'une obligation (9). — 3° Des procédés auxquels les parties devaient
avoir recours : — *a*) Ces procédés étaient ceux qui étaient employés, d'après les
règles ordinaires du droit romain, pour produire un des résultats qui viennent d'être
énumérés (10) : — Ainsi, pour créer une obligation *donationis causa*, les parties

(1) Dig., *Quæ in fraud. cred.*, L. 1, pr.
(2) *Ibid.*, L. 9, L. 25, § 7.
(3) Dig., *Si quid in fraud. patron.*
(4) Dig., *De reg. jur.*, L. 82. — Dig., *De mort. caus. don.*, L. 35, § 1.
(5) Dig., *De donat.*, L. 12.
(6) Dig., *De donat. mort. caus.*, L. 35, § 1.
(7) Dig., *De donat.*, L. 21.
(8) Dig., *De leg.*, 3°, L. 3, § 3.
(9) Dig., *Mand.*, L. 10, § 13.
(10) *Fragm. Vatic.*, § 263.

avaient recours à la stipulation ou à l'expensilation; sous Justinien, la donation devint un pacte légitime (1). — Pour transférer la propriété *donationis causa*, les parties avaient recours, selon les cas, à la mancipation, à la *cessio in jure* ou à la tradition. — Pour faire une cession de créance *donationis causa*, les parties avaient recours à la novation ou au mandat *in rem suam*. — Pour éteindre un droit réel *donationis causa*, les parties avaient recours à la *cessio in jure*, se produisant sous la forme d'une action négatoire; *quid* sous Justinien? — Pour éteindre une obligation *donationis causa*, les parties avaient recours, selon les cas, à la remise *per œs et libram*, à l'acceptilation ou à l'expensilation; *quid* du pacte *de non petendo?* — *b*) Ne résulte-t-il pas des notions qui précèdent que la donation n'était jamais qu'une *causa*, et que dès lors Justinien a eu tort de la présenter comme étant un mode d'acquisition (2)?

II. Des donations entre-vifs (3) : — 1° Définition de la donation entre-vifs. — 2° Des limitations apportées à la faculté de faire des donations entre-vifs. — *a*) De la loi *Cincia* (4) : — Quelle est la date de cette loi? — Elle avait deux chefs: l'un défendait de recevoir des présents *ad causam orandam*, l'autre décidait que la donation ne pourrait excéder un certain taux *(modus)*, aujourd'hui inconnu. — Toutefois quelques personnes étaient exceptées de la prohibition. — De plus, si la donation était *perfecta*, le donateur n'avait pas d'action pour reprendre ce qui excédait le taux légal; cette règle ne nous semble pas s'être appliquée lorsque la donation avait pour objet un droit de créance. — Applications de détail. — De la maxime: *Morte Cincia removetur*. — La loi *Cincia* est tombée en complète désuétude vers Constantin. — La prohibition qu'elle établissait a été remplacée par la nécessité de certaines solennités extérieures exigées pour la validité de la donation (5) : acte écrit (règle abrogée sous Théodose); témoins (règle abrogée sous Zénon), insinuation. — *b*) De la légitime. — Le principe de la *querela de inofficioso testamento* finit par être appliqué aux donations inofficieuses (6). — De la *debita portio* réservée au patron (7). — *c*) De la *collatio bonorum* (8). — *d*) De l'action Paulienne (9). — 3° Le donateur devait-il garantie au donataire (10). — 4° De la révocation de la donation entre-vifs dans les cas où elle était exceptionnellement permise : — *a*) Les causes de révocation ont d'abord pris naissance dans les relations du patron donateur et de son affranchi donataire. — Révocation pour inexécution des charges, pour ingratitude, pour cause de survenance d'enfant (11). — *b*) Quels sont les procédés à l'aide desquels le donateur pouvait opérer la révocation (12)?

(1) Inst. Just., II, 7, § 2. — Cod. Just., *De donat.*, L. 35, § 5.
(2) Inst. Just., II, 7, pr. — II, 1, § 40.
(3) Inst. Just., II, 7, § 2.
(4) *Fragm. vatic.*, §§ 266 à 316. — Ulp., *Regl.*, § 1. — Dig., *De donat.*, L. 21, § 1. — Dig., *De except. dol. mal.*, L. 5, § 5.—Dig., *Quib. mod. pign. solv.*, L. 1, § 1.
(5) *Fragm. vatic.*, § 249. — Cod. Théod., *De donat.*, L. 1. — Cod. Just., *De donat.*, L. 25, L. 29, L. 31, L. 34, L. 36.

(6) *Fragm. vatic.*, §§ 270, 271, 280. — Cod. Just., *De inoff. donat.*
(7) Dig., *Si quid in fraud. patron.*
(8) Cod. Just., *De collat.*
(9) Dig., *Quæ in fraud. cred.*, L. 6, § 11.
(10) Dig., *De donat.*, L. 18, § 3.
(11) *Fragm. vatic.*, § 272. — Cod. Just., *De revoc. donat.*, L. 1, L. 7, L. 8, L. 9, L. 10.
(12) Renvoi aux donations à cause de mort.

III. Des donations à cause de mort (1) : — 1° Définition de la donation à cause de mort : — Le véritable caractère de cette donation se tirait-il de ce qu'elle était faite *propter mortis suspicionem* (2), ou de ce qu'elle était révocable (3), ou de ce qu'elle était faite sous la condition de survie du donataire au donateur (4) ? — 2° La loi *Cincia* s'appliquait-elle aux donations à cause de mort ? — En tout cas, ces donations furent soumises, depuis Constantin, à la nécessité de certaines solennités extérieures pour leur validité (5). — 3° Quand la propriété de la chose donnée passait-elle du donateur au donataire : — a) Du cas où le donateur avait contracté une obligation de *dare* (6). — b) Du cas où le donateur, sans contracter aucune obligation, livrait la chose au donataire, soit sous la condition *a qua*, soit sous la condition *ad quam* (7). — c) N'est-il pas vrai que la donation à cause de mort n'était jamais *un modus adquirendi* ? — 4° De la révocation des donations à cause de mort : — a) Quand la donation était-elle révoquée (8) : — Survie du donateur au donataire, soit d'une manière absolue, soit relativement à un événement précisé par les parties. — En principe *pœnitentia* du donateur. — b) Quels étaient les procédés à l'aide desquels le donateur opérait la révocation : — Il faut distinguer entre le cas où la donation avait consisté à créer une obligation (9), à transférer la propriété (10), à céder une créance (11), à éteindre un droit réel ou à éteindre un droit de créance (12). — 5° Comparaison de la donation à cause de mort, du legs et de la donation entre-vifs : — Les anciens prudents discutaient la question de savoir s'il fallait assimiler la donation à cause de mort, quant à ses effets, aux legs ou aux donations entre-vifs ; Justinien a adopté le premier système (13).—En principe, toute différence entre la donation à cause de mort et le legs, constituait une ressemblance entre la donation à cause de mort et la donation entre-vifs, et réciproquement toute différence entre la donation à cause de mort et la donation entre-vifs constituait une ressemblance entre la donation à cause de mort et le legs.

IV. De quelques donations en particulier : — A. De la donation faite aux enfants soumis à la *patria potestas* du donateur (14). — B. De la donation rémunératoire (15). — C) De la donation universelle (16). — D. De la donation entre époux : — 1° Depuis le commencement de Rome jusqu'à une époque postérieure de quelques années à la loi *Cincia :* — Lorsque la femme était *in manu*, aucune donation entre époux n'était possible. — Lorsque la femme n'était pas *in manu*, toute donation était permise (17). — 2° Depuis une époque postérieure de quelques années à la loi

(1) Inst. Just., II, 7, § 1.
(2) *Ibid.* — Dig., *De mort. caus. donat.*, L. 42, § 1.
(3) Dig., *De mort. caus. donat.*, L. 27, L. 13, § 1; L. 35, § 4.
(4) *Ibid.*, L. 32, L. 26, L. 23, L. 44, L. 18, pr. — Cod. Just., *De donat. mort. caus.*, L. 3.
(5) Cod. Just., *De donat. mort. caus.*, L. 4.
(6) Dig., *De public. act.*, L. 2.
(7) Dig., *De mort. caus. donat.*, L. 2, 29.
(8) Inst. Just., II, 7, § 1.
(9) Dig., *De jur. dot.*, L. 76.

(10) Dig., *De mort. caus. donat.*, L. 35, § 3, L. 37, § 1; L. 29, L. 30.
(11) *Ibid.*, L. 18, § 1; L. 31, § 3.
(12) *Ibid.*, L. 31, § 4; L. 35, § 6.
(13) Inst. Just., II, 7, § 1.—Cod. Just., *De donat. mort. caus.*, L. 4.
(14) *Fragm. vatic.*, §§ 294, 295, 296, 272, 277, 281.
(15) Dig., *De donat.*, L. 27, L. 34, § 1. — Paul, *Sent.*, V, 11, § 6.
(16) Dig., *De leg.*, 3°, L. 37, § 3.— *Fragm. vatic.*, § 263. — Cod. Just., *De pact.*, L. 19.
(17) *Fragm. vatic.*, § 302.

Cincia jusqu'à un Snc. rendu sous Sévère et Caracalla : — L'usage introduisit la prohibition des donations entre époux (1). — Par quels motifs (2)? — Entre quelles personnes existait la prohibition (3). — Quels étaient ses effets (4). — Quels étaient les exceptions que la prohibition comportait (5). —•Les donations à cause de mort étaient permises, mais il existait quelques controverses sur leurs effets (6). — 3° Depuis le Snc. rendu sous Sévère et Caracalla : — La donation entre époux devint licite, seulement elle fut déclarée toujours révocable, quoique qualifiée entre-vifs (7). — Le Snc. s'appliquait-il même aux donations, qui se référaient aux droits de créance (8)? — E. Des donations *ante* ou *propter nuptias* (9).

TITRE DEUXIÈME.

DE LA DOT.

(Inst. Just., liv. II, tit. 8, pr. — Liv. IV, tit. 6, § 29.)

I. Généralités : — 1° Définition de la dot. — 2° Il fallait distinguer entre le cas où la femme était *in manu* et le cas où elle n'était pas *in manu*; nous nous placerons exclusivement dans cette dernière hypothèse. — 3° La dot était soumise à plusieurs règles spéciales; pourquoi (10)?

II. De la constitution de la dot : — 1° Des différents résultats que pouvait avoir une constitution de dot : — Création d'une obligation (11). — Translation d'un droit réel (12). — Cession d'une créance (13). — Extinction d'un droit réel (14). — Extinction d'une obligation (15). — 2° Des procédés auxquels les parties devaient avoir recours : — Ulpien indique trois procédés : la *datio*, la *dictio*, la *promissio* (16). — Mais cette énumération n'est pas complète, les procédés propres à chacun des résultats précédemment indiqués pouvaient être employés. — La *dictio* constituait seule une anomalie et elle tomba en désuétude lorsque, sous Théodose, la dot devint un pacte légitime (17). — Des notions qui précèdent, il résulte que la dot n'était jamais qu'une *causa*. — 3° Qui pouvait constituer la dot (18) : — De la femme. — De l'ascendant paternel de la femme. — Des tiers. — 4° A qui la dot pouvait-elle être constituée : — Du cas où le mari était *sui juris*. — Du cas où le mari était *alieni juris*. — 5° A quelle époque la dot pouvait-elle être constituée (19). —6° La constitution de dot était-elle une opération à titre gratuit ou à titre onéreux (20)?

(1) Dig., *De donat. int. viv. et uxor.*, L. 1.
(2) *Ibid.*, L. 1, L. 2, L. 3, pr.
(3) *Ibid.*, L. 3, §§ 1 à 9.
(4) *Ibid.*, L. 3, § 10.
(5) *Ibid.*, L. 9, § 2; L. 60, § 1; L. 40 à 43, L. 14, L. 7, § 1; L. 31, § 8.
(6) *Ibid.*, L. 11.
(7) *Ibid.*, L. 32, pr., § 2.
(8) *Ibid.*, L. 23, L. 32, § 23; L. 33, pr.
(9) Inst. Just., II, 7, § 3, — Cod. Just., V. 3.

(10) Dig., *De jur. dot.*, L. 2.
(11) *Ibid.*, L. 41, pr.
(12) *Ibid.*, L. 7, § 3, L. 66.
(13) *Ibid.*, L. 41, § 3.
(14) *Ibid.*, L. 78.
(15) *Ibid.*, L. 41, § 2; L. 43, pr.
(16) Ulp., *Regl.*, VI, § 1.
(17) Cod. Just., *De dot. promiss.*, L. 6.
(18) Ulp., *Regl.*, VI, § 2.
(19) Paul., *Sent.*, II, 21 B, § 1.
(20) Dig., *Quæ in fraud. cred.*, L. 25, § 1.

III. Des droits du mari sur les biens dotaux : 1° *Jus utendi.* — 2° *Jus fruendi.* — 3° *Jus abutendi.* — *a*) Epoque antérieure à Auguste : — Le mari propriétaire des biens dotaux pouvait les aliéner ou les hypothéquer comme bon lui semblait. — Dangers que ce système présentait pour la femme. — *b*) Epoque de la loi *Julia de adulteriis et de fundo dotali* (1) : — La loi Julia prohiba l'aliénation par le mari des immeubles d'Italie, dont la propriété lui avait été transférée sans estimation, à moins que la femme n'y consentît. Lorsque le mari avait tenté d'aliéner malgré la prohibition, avait-il la revendication? *Quid* de la femme ou de ses héritiers (2)? — La loi Julia prohiba en outre l'hypothèque des immeubles dotaux, même avec le consentement de la femme; pourquoi la loi se montrait-elle plus rigoureuse pour l'hypothèque que pour l'aliénation? — *c*) Epoque de Justinien (3). — L'Empereur voulut que le mari ne pût aliéner, même avec le consentement de la femme, et il appliqua définitivement la prohibition aux fonds provinciaux.

IV. De la restitution de la dot. — A. Epoque des jurisconsultes classiques : — 1° Dans quels cas la dot devait-elle être restituée et à qui la restitution devait-elle être faite : — *a*) Restitution de la dot après la dissolution du mariage (4) : — Si aucune convention spéciale n'était intervenue relativement à la restitution de la dot, il fallait distinguer entre l'hypothèse de la dissolution du mariage par la mort de la femme et celle de la dissolution par la mort du mari, ou le divorce; dans la première hypothèse, on devait examiner si la dot était *profectitia* ou *adventitia.* — Si une convention spéciale était intervenue relativement à la restitution de la dot, celle-ci était dite *receptitia*, et la restitution devait se faire à la personne désignée. — *b*) La femme pouvait-elle obtenir la restitution de la dot pendant le mariage (5)? — 2° Qui devait restituer la dot (6)? — 3° Sur quoi portait la restitution : — Des capitaux. — Des fruits (7). — 4° Comment s'opérait la restitution? — 5° Quelles sont les rétentions que le mari pouvait opérer sur la dot (8) : — Si la dot n'était pas *receptice*, le mari pouvait opérer des rétentions *propter liberos, mores, impensas, res donatas, res amotas.* — *Quid* si la dot était *receptice*? — 6° Quelles étaient les actions qui étaient données pour obtenir la restitution de la dot (9) : — L'action était tantôt l'action *rei uxoriæ*, tantôt l'action *ex stipulatu*, tantôt l'action *præscriptis verbis.* — Sous quels rapports différaient-elles? — B. Epoque de Justinien : — 1° L'Empereur supposa toujours la stipulation de restitution intervenue entre le mari et la femme; en conséquence, il ne conserva que l'action *ex stipulatu*, à laquelle il attacha toutefois trois conséquences de l'action *rei uxoriæ* (10). — 2° Il accorda une hypothèque générale à la femme sur les biens du mari (11), et il voulut même que cette hypothèque fut en certains cas privilégiée (12).

V. Des biens paraphernaux (13).

FIN.

---

(1) Gaii, *Comm.*, II, § 63. — Inst. Just., II, 8, pr. — Dig., *De fund. dot.*
(2) Dig., *De jur. dot.*, L. 75. — Cod. Just., *De jur. dot.*, L. 30.
(3) Cod. Just., *De rei uxor. act.*, L. 1, § 15.
(4) Ulp., *Regl.* VI, §§ 3 à 7.
(5) Dig., *De jur. dot.*, L. 73, § 1. — Dig., *Solut. matrim.*, L. 24.

(6) Dig., *Solut. matrim.*, L. 22, § 12.
(7) *Ibid.*, L. 7.
(8) Ulp., *Regl.* VI, §§ 9 à 19.
(9) Inst. Just., IV, 6, § 29.
(10) Cod. Just., *De act. rei uxor.*
(11) *Ibid.*, L. 1, § 1.
(12) Cod. Just., *Qui potior. in pign.*, L. 12.
(13) Dig., *De jur. dot.*, L. 9, § 3.

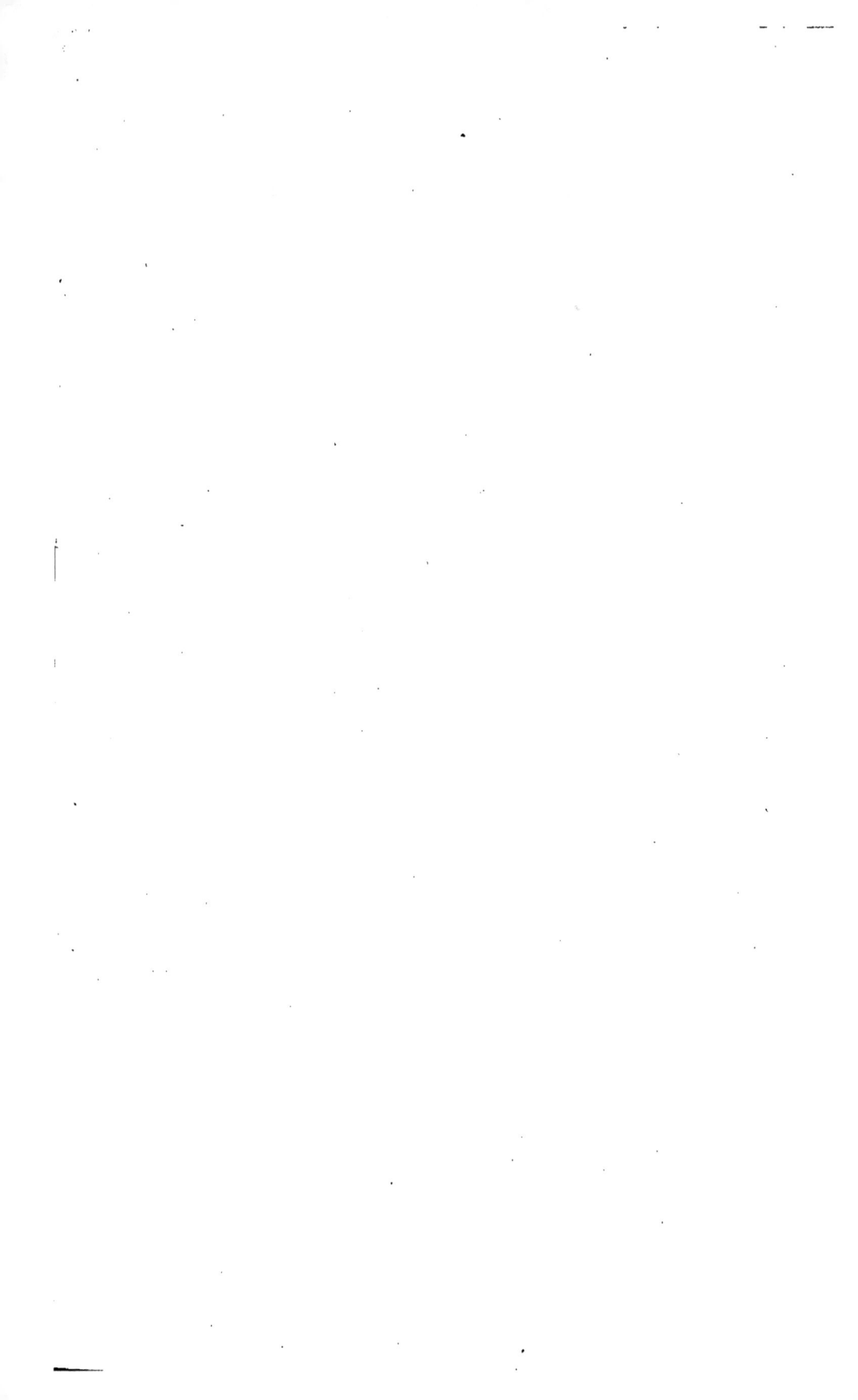

www.ingramcontent.com/pod-product-compliance
Lightning Source LLC
Chambersburg PA
CBHW071234200326
41521CB00009B/1468